»PROLETARIER ALLER LÄNDER, VEREINIGT EUCH!«

Die »Bibliothek des Marxismus-Leninismus« ist eine Sammlung von Texten von Karl Marx, Friedrich Engels, W. I. Lenin und J. W. Stalin.

Wie in den anderen Reihen wurde auch hier auf der Grundlage der letzten uns zugänglichen Ausgaben gearbeitet. Quellenangaben erfolgen, soweit möglich, nach Werkausgaben und Sammelbänden.

Redaktionelle Anmerkungen früherer Auflagen wurden unter Angabe der Quelle übernommen. Fußnoten stammen, sofern nicht anders angegeben, vom Autor. Spätere Überarbeitungen des Originaltextes durch den Autor wurden, soweit bekannt, von der Redaktion berücksichtigt. Diese wurden stillschweigend übernommen, sodass der vorliegende Text so weit wie möglich der vom Autor beabsichtigten Endfassung entspricht. Rechtschreibung und Zeichensetzung wurden an die Rechtschreibreform 2006 angepasst, der Textinhalt blieb unverändert. Die Zitierweise ist APA 7, Text in eckigen Klammern entspringt der Redaktion. Die Daten in Russland bis zum 14. Februar 1918 sind nach dem julianischen Kalender (alter Kalender) angegeben. In Klammern folgt das entsprechende Datum nach dem gregorianischen Kalender (neuer Kalender).

Einige Bände enthalten ein Register.

DIE REDAKTION

KURZE DARLEGUNG DER MEINUNGSVERSCHIEDENHEITEN IN DER PARTEI

J.W. Stalin

Fortschrittsverlag
»Bibliothek des Marxismus-Leninismus«
kontakt@fortschrittsverlag.de
https://fortschrittsverlag.de

Berlin, 2024
Druck: IngramSpark
2. Auflage

ISBN: 978–3–911323–06–2

Nach: Stalin, J.W. (1950). Kurze Darlegung der Meinungsverschiedenheiten in der Partei. In Marx-Engels-Lenin-Institut beim ZK der SED (Hrsg.), *Stalin Werke* (Bd.1, S.77–112). Dietz. (Original veröffentlicht 1905)

Vorliegender Band: Stalin, J.W. (2024). *Kurze Darlegung der Meinungsverschiedenheiten in der Partei.* Fortschrittsverlag. (Original veröffentlicht 1905)

INHALT

Vorwort (2024) IX

J.W. Stalin: Kurze Darlegung der Meinungsverschiedenheiten in der Partei.. 1

Anhang.. 41

W.I. Lenin: Womit beginnen? 43

Karl Kautsky: Die Revision des Programms der Sozialdemokratie in Österreichs 55

Register 85

Anmerkungen 87

Literaturverzeichnis 91

Personenverzeichnis.. 93

Hilfestellung für die Transliteration nach ISO 9 96

VORWORT (2024)

Im vorliegenden Band werden die Artikel »Kurze Darlegung der Meinungsverschiedenheiten in der Partei« (1905/1950) von J.W. Stalin, »Womit beginnen?« (1901/1955) von W.I. Lenin, sowie »Die Revision des Programms der Sozialdemokratie in Österreich« (1901) von Karl Kautsky abgedruckt.

Die »Kurze Darlegung der Meinungsverschiedenheiten in der Partei« stellt eine Verteidigung der durch Lenin in »Womit beginnen?« und »Was tun?« (1902/1955) aufgestellten Thesen gegen die parteiinternen menschewistischen Angriffe dar. Letztere wurden unter anderem in der späten »Iskra« und im »Mogsauri« abgedruckt. Im Rahmen dieses Prozesses verallgemeinert Stalin eine Reihe für die Parteiarbeit relevanter Erkenntnisse aus den beiden Werken Lenins und entwickelt diese in einigen Punkten auch weiter. »Womit beginnen?« ist eine unmittelbare Vorarbeit zu »Was tun?«.

Einen maßgeblichen Einfluss auf die Entwicklung der bolschewistischen Theorie übte Kautskys Artikel »Die Revision des Programms der Sozialdemokratie in Österreichs« aus dem Jahr 1903 aus, der in der »Neuen Zeit«, der Wochenschrift der Österreichischen Sozialdemokratie, abgedruckt wurde.

Eine Reihe von Ideen, wie die der Kommunisten als dem »weitertreibendsten Teil der proletarischen Bewegung«, geht auf Marx und Engels sowie den Bund der Kommunisten (BdK) des 19. Jahrhunderts zurück. Kautsky war es jedoch, der das Verhältnis von Wissenschaft und Arbeiterbewegung herausgearbeitet und das sozialistische Bewusstsein als etwas von »außen Hineingetragenes« charakterisiert hat.

Bei der Ausarbeitung der Unterschiede des Hainfelder Programms von 1889 sowie des Wiener Programms von 1901 stellt er fest, dass die These, wonach das sozialistische Bewusstsein als das notwendige direkte Ergebnis des proletarischen Klassenkampfes entstehe, als »falsch« zu bewerten ist. Vielmehr ist der Sozialismus in den heutigen ökonomischen Verhältnissen verwurzelt, allerdings unter anderen Voraussetzungen. Das sozialistische Bewusstsein entsteht auf der Grundlage tiefer wissenschaftlicher Einsicht. Während die Träger der Wissenschaft die Bürgerliche Intelligenz ist, entsteht in einigen Mitgliedern dieser Schicht der moderne Sozialismus. Diese teilen diese einigen »geistig hervorragenden« Arbeitern mit, die diese Ideen in den Klassenkampf des Proletariats hineintragen, wo die Verhältnisse es gestatten. Diese Worte Kautskys charakterisierte Lenin in »Was tun?« als »sehr treffend« und »wertvoll«. Stalin bewertete den Artikel als »vortrefflich«.

Der sich mit dem sozialistischen Bewusstsein befassende Teil von Kautskys Text ist relativ kurz. Dennoch ist der Artikel in seiner Gesamtheit von Interesse, insbesondere im Hinblick auf den Kontext, in dem der Autor diese Ideen entwickelt hat.

Mit dieser Veröffentlichung möchten wir einen Beitrag zur Ergründung der sozialistischen Theorie und ihrer Entwicklungsgeschichte, sowie der innersozialistischen Debatte zu Beginn des zwanzigsten Jahrhunderts leisten.

Wir verweisen zudem auf unsere thematisch relevante Publikation, Grigorenko (1948/2024).

Die Redaktion

J.W. Stalin:
KURZE DARLEGUNG DER MEINUNGSVERSCHIEDENHEITEN IN DER PARTEI

Allzu aufdringlich sind doch unsere »Menschewiki«! Ich spreche von den Tifliser »Menschewiki«. Sie haben gehört, dass es in der Partei Meinungsverschiedenheiten gibt, und nun haben sie sich drauf verlegt, immer und überall von Meinungsverschiedenheiten zu reden, ob einem recht oder nicht, nach rechts und nach links die »Bolschewiki« zu beschimpfen, ob einem recht oder nicht! Und nun schimpfen sie aus vollem Halse, wie Besessene. An allen Straßenkreuzungen, ob sie unter sich sind oder unter Fremden, kurzum, wo es sich gerade trifft, stimmen sie ein und dasselbe Gezeter an: Nehmt euch in acht vor der »Mehrheit« (»bolschinstwo«), das sind Fremdlinge, Ungläubige! Unsere Menschewiki geben sich nicht mit dem »gewöhnlichen« Kampfboden zufrieden, sie haben die »Sache« in die legale Literatur hinübergetragen und damit ein übriges Mal der Welt ihre…Aufdringlichkeit gezeigt.

Wessen hat sich denn nun die »Mehrheit« (»bolschinstwo«) schuldig gemacht? Weshalb ist unsere »Minderheit«

(»menschinstwo«) so »böse«?

Wenden wir uns der Geschichte zu.

Zum ersten Mal entstanden die »Mehrheit« und die »Minderheit« auf dem II. Parteitag (1903). Dies war der Parteitag, auf dem unsere zersplitterten Kräfte sich zu einer einheitlichen, machtvollen Partei vereinigen sollten. Große Hoffnungen setzten wir Parteiarbeiter auf diesen Parteitag. Endlich also! – riefen wir froh, – erleben auch wir die Vereinigung in einer einheitlichen Partei, erhalten auch wir die Möglichkeit, nach einem einheitlichen Plane zu handeln!… Selbstverständlich hatten wir auch vorher gehandelt, aber unsere Handlungen waren zersplittert und unorganisiert. Selbstverständlich hatten wir auch vorher uns zu vereinigen versucht, eben zu diesem Zwecke hatten wir ja (1898) den I. Parteitag einberufen, uns sogar, wie es schien, auch »vereinigt«, aber diese Einheit existierte nur in Worten: die Partei blieb immer noch in einzelne Gruppen zersplittert, die Kräfte waren immer noch zerbröckelt und bedurften der Vereinigung. Und nun sollte der II. Parteitag die getrennten Kräfte sammeln und zusammenschweißen. Wir sollten eine einheitliche Partei schaffen.

In der Praxis zeigte sich jedoch, dass unsere Hoffnungen bis zu einem gewissen Grade verfrüht waren. Der Parteitag konnte uns keine einheitliche und unteilbare Partei geben, er legte nur das Fundament einer solchen Partei. Dafür zeigte uns der Parteitag klar, dass es in der Partei zwei Richtungen gibt: die Richtung der »Iskra« (es handelt sich um die alte »Iskra«)[1] und die Richtung ihrer Gegner. Dementsprechend teilte sich der Parteitag in zwei Teile: in die »Mehrheit« und die »Minderheit«. Die erstere folgte der »Iskra«-Richtung und schloss sich um sie zusammen; die zweite aber bezog als Gegnerin der »Iskra« den entgegengesetzten Standpunkt.

So wurde die »Iskra« zum Banner der Partei»mehrheit«,

und der Standpunkt der »Iskra« wurde zum Standpunkt der »Mehrheit«.

Welchen Weg ging die »Iskra«, was verteidigte sie?

Um das zu verstehen, muss man wissen, unter welchen Bedingungen sie den Schauplatz der Geschichte betrat.

Die »Iskra« begann im Dezember 1900 zu erscheinen. Das war eine Zeit, als in der russischen Industrie eine Krise einsetzte. Der industrielle Aufschwung, der von einer Anzahl beruflicher Streiks begleitet war (1896–1898), wurde allmählich von einer Krise abgelöst. Die Krise verschärfte sich von Tag zu Tag und wurde zu einem Hindernis für die Berufsstreiks. Trotzdem bahnte sich die Arbeiterbewegung ihren Weg und schritt vorwärts: die einzelnen Bäche flossen zusammen zu einem einzigen Strom, die Bewegung gewann ein Klassengepräge und beschritt allmählich den Weg des politischen Kampfes. Die Arbeiterbewegung wuchs mit erstaunlicher Geschwindigkeit…Nur sah man nicht den Vortrupp, die Sozialdemokratie,[1] die in diese Bewegung sozialistisches Bewusstsein hineingetragen, sie mit dem Sozialismus vereinigt und auf diese Weise dem Kampf des Proletariats einen sozialdemokratischen Charakter gegeben hätte.

Was aber taten die damaligen »Sozialdemokraten« (die man »Ökonomisten« nannte)? Sie beweihräucherten die spontane Bewegung und behaupteten unbekümmert: Das sozialistische Bewusstsein ist gar nicht so notwendig für die Arbeiterbewegung, sie wird gewiss auch so ihr Ziel erreichen, die Hauptsache ist die Bewegung selbst. Die Bewegung sei alles, und das Bewusstsein sei eine Kleinigkeit. *Eine Bewegung ohne Sozialismus* – das war es, wonach sie strebten.

Worin besteht denn aber in solchem Fall die Bestim-

---

1   Die Sozialdemokratie ist der Vortrupp des Proletariats. Diesem Trupp gehört jeder sozialdemokratische Kämpfer an, sei er nun Arbeiter oder Intellektueller.

mung der Sozialdemokratie Russlands? Sie soll das gefügige Werkzeug der spontanen Bewegung sein, behaupteten sie. Es sei nicht unsere Sache, sozialistisches Bewusstsein in die Arbeiterbewegung hineinzutragen, es sei nicht unsere Sache, an die Spitze dieser Bewegung zu treten – das wäre zweckloser Zwang –, unsere Pflicht bestehe nur darin, auf die Bewegung zu horchen und genau festzuhalten, was im gesellschaftlichen Leben vor sich geht, – wir müssten im Nachtrab der spontanen Bewegung einhertrotten.[2]/[2]/[3] Mit einem Wort, die *Sozialdemokratie* wurde als *Ballast* in der Bewegung hingestellt.

Wer die Sozialdemokratie nicht anerkennt, der braucht auch die sozialdemokratische Partei nicht anzuerkennen. Eben deshalb wiederholten die »Ökonomisten« so hartnä-

---

2   Unser »Sozialdemokrat« [siehe Anmerkung 2] ist von Leidenschaft zur »Kritik« entbrannt (siehe Nr. 1, »Mehrheit oder Minderheit?«), aber ich muss bemerken, dass er die »Ökonomisten« und die Leute vom »Rabotscheje Djelo« unrichtig charakterisiert (sie unterscheiden sich nur wenig voneinander). Die Sache ist nicht die, dass sie »politische Fragen geringschätzten«, sondern die, dass sie im Nachtrab der Bewegung einhertrotteten und das wiederholten, was die Bewegung ihnen eingab. Es gab eine Zeit, wo nur Streiks stattfanden. Damals predigten sie den ökonomischen Kampf. Es begann die Zeit der Demonstrationen (1901), es floss Blut, Enttäuschung kam auf, und die Arbeiter griffen zum Terror, in der Annahme, das werde sie von den Tyrannen erlösen. Da fielen auch die »Ökonomisten«, die Leute vom »Rabotscheje Djelo« in den gemeinsamen Chor ein und erklärten mit großer Wichtigkeit: Es ist Zeit, zum Terror zu greifen, die Gefängnisse zu überfallen, die Genossen zu befreien u. dgl. mehr (siehe »Eine historische Wendung«, »Rabotscheje Djelo« [siehe Anmerkung 3]). Wie man sieht, heißt dies durchaus nicht, dass sie »politische Fragen geringschätzten«. Der Autor entlehnte seine »Kritik« bei Martynow, es wäre aber nützlicher gewesen, wenn er sich mit der Geschichte vertraut gemacht hätte.

ckig, dass das Bestehen einer politischen Partei des Proletariats in Russland unmöglich sei. Mögen sich die Liberalen mit dem politischen Kampf beschäftigen, ihnen steht das besser an, so sagten sie. Was aber sollen wir Sozialdemokraten tun? Wir sollen nach wie vor als einzelne Zirkel existieren und isoliert handeln, jeder in seinem Winkel.

Keine Partei, sondern ein Zirkel! so sagten sie.

Einerseits also wuchs die Arbeiterbewegung und bedurfte eines führenden Vortrupps, und anderseits hat die »Sozialdemokratie«, in Gestalt der »Ökonomisten«, anstatt an die Spitze der Bewegung zu treten, sich selber verneint und ist im Nachtrab der Bewegung einhergetrottet.

Es galt, vor aller Welt den Gedanken auszusprechen, dass die spontane Arbeiterbewegung ohne den Sozialismus ein Umherirren im Dunkeln ist – von dem, auch wenn es irgendeinmal zum Ziele führt, doch niemand weiß, wann und um den Preis welcher Qualen – dass das sozialistische Bewusstsein folglich für die Arbeiterbewegung von sehr großer Bedeutung ist.

Es galt ferner zu sagen, dass die Trägerin dieses Bewusstseins, die Sozialdemokratie, verpflichtet ist, das sozialistische Bewusstsein in die Arbeiterbewegung hineinzutragen, stets an der Spitze der Bewegung zu stehen, und nicht von außen der spontanen Arbeiterbewegung zuzusehen, nicht im Nachtrab einherzutrotten.

Es galt ferner den Gedanken auszusprechen, dass es die direkte Pflicht der Sozialdemokratie Russlands ist, die einzelnen Vortrupps des Proletariats zu sammeln, sie zu einer einheitlichen Partei zusammenzuschließen und dadurch der Zerfahrenheit in der Partei ein für alle Mal ein Ende zu setzen.

An die Lösung gerade dieser Aufgaben machte sich denn auch die »Iskra«.

Hören wir, was sie in ihrem programmatischen Artikel erklärt (siehe »Iskra« Nr. 1): »Die Sozialdemokratie ist die Vereinigung von Arbeiterbewegung und Sozialismus«, d.h. eine Bewegung ohne Sozialismus oder ein Sozialismus, der von der Bewegung abseitssteht, ist eine unerwünschte Erscheinung, gegen die die Sozialdemokratie ankämpfen muss. Da aber die »Ökonomisten« vom »Rabotscheje Djelo« die spontane Bewegung anbeteten, da sie die Bedeutung des Sozialismus herabsetzten, so erklärte die »Iskra«: »Von der Sozialdemokratie losgerissen, verflacht die Arbeiterbewegung und verfällt unweigerlich in Bürgerlichkeit«. Dementsprechend sei es die Pflicht der Sozialdemokratie, »dieser Bewegung ihr Endziel, ihre politischen Aufgaben zu weisen, ihre politische und ihre ideologische Selbständigkeit zu wahren«.

Welche Pflichten hat die Sozialdemokratie Russlands? »Hieraus ergibt sich ganz von selbst die Aufgabe«, fährt die »Iskra« fort, »die die russische Sozialdemokratie zu verwirklichen berufen ist: in die Massen des Proletariats sozialistische Ideen und politisches Bewusstsein hineinzutragen und eine revolutionäre Partei zu organisieren, die mit der spontanen Arbeiterbewegung unauflöslich verbunden ist«, d.h. sie muss immer an der Spitze der Bewegung stehen, und ihre allererste Pflicht ist es, die sozialdemokratischen Kräfte der Arbeiterbewegung zu einer einheitlichen Partei zusammenzuschweißen.

So begründet die Redaktion der »Iskra«[3]/[4] ihr Programm.

Hat die »Iskra« dieses vortreffliche Programm verwirklicht?

Alle wissen, wie selbstlos sie diese wichtigsten Ideen in die Tat umgesetzt hat. Das bewies uns klar der II. Parteitag, der die »Iskra« mit den 35 Stimmen der Mehrheit als Zentralorgan der Partei anerkannte.

Ist es hiernach etwa nicht lächerlich, wenn manche Qua-

---

3   Die Redaktion der »Iskra« bestand damals aus sechs Personen: Plechanow, Axelrod, Sassulitsch, Martow, Starowjer [siehe Anmerkung 4] und Lenin.

simarxisten die alte »Iskra« »herunterzureißen« beginnen?

Hören wir, was der menschewistische »Sozialdemokrat« über die »Iskra« schreibt:

»Sie (die ›Iskra‹) hätte die Ideen des ›Ökonomismus‹ untersuchen, falsche Ansichten verwerfen, die wahren annehmen und ihn in ein neues Flussbett leiten sollen…*Aber es ist anders gekommen.* Der Kampf gegen den ›Ökonomismus‹ führte zu einem anderen Extrem – zur Herabminderung des ökonomischen Kampfes, zu einer geringschätzigen Haltung ihm gegenüber und dazu, dass dem politischen Kampf die herrschende Bedeutung zuerkannt wurde. *Politik ohne Ökonomie* (soll heißen ›ohne Ökonomik‹) – das ist die neue Richtung« (siehe »Sozialdemokrat« Nr.1, »Mehrheit oder Minderheit?«).

Aber wo, wann, in welchem Lande ist alles dies denn passiert, ehrenwerter »Kritiker«? Was taten Plechanow, Axelrod, Sassulitsch, Martow, Starowjer, weshalb leiteten sie die »Iskra« nicht auf den Weg der »Wahrheit«, wo sie doch die Mehrheit in der Redaktion bildeten? Und wo waren Sie selber bisher, Verehrtester, warum haben Sie nicht den II. Parteitag gewarnt? Er hätte dann nicht die »Iskra« als Zentralorgan anerkannt.

Aber lassen wir den »Kritiker«.

Es handelt sich darum, dass die »Iskra« die brennenden »Tagesfragen« richtig wahrgenommen, dass sie eben den Weg eingeschlagen hat, von dem ich oben gesprochen, und selbstlos ihr Programm in die Tat umgesetzt hat.

Noch deutlicher und überzeugender hat Lenin in seinem vortrefflichen Buch »Was tun?« den Standpunkt der »Iskra« zum Ausdruck gebracht.

Gehen wir auf dieses Buch ein.

Die »Ökonomisten« beteten die spontane Arbeiterbewegung an, wer aber wüsste nicht, dass die *spontane* Bewegung eine Bewegung ohne Sozialismus ist, dass sie »Trade-Unionismus ist« (Lenin, 1902/1955, S.396), der außerhalb des Rahmens des Kapitalismus nichts sehen will? Wer wüsste nicht, dass die Arbeiterbewegung ohne Sozialismus nicht vom Fleck kommt, im Rahmen des Kapitalismus bleibt, ein Umherirren um das Privateigentum ist, von dem, auch wenn es irgendeinmal zur sozialen Revolution führt, doch niemand weiß, wann und um den Preis welcher Qualen. Ist es denn für die Arbeiter gleichgültig, ob sie in nächster Zeit oder nach einem langen Zeitraum, auf einem leichten oder schwierigen Wege das »gelobte Land« betreten werden? Es ist klar, jeder, der die *spontane* Bewegung verherrlicht und anbetet, der reißt, ob er will oder nicht, eine Kluft auf zwischen dem Sozialismus und der Arbeiterbewegung, mindert die Bedeutung der sozialistischen Ideologie herab, vertreibt sie aus dem Leben und unterwirft, ob er will oder nicht, die Arbeiter der bürgerlichen Ideologie, denn er begreift nicht, dass »die Sozialdemokratie…die Vereinigung von Arbeiterbewegung und Sozialismus« (Kautksy, 1892, S.239) ist, dass »*jede* Anbetung der Spontaneität der Arbeiterbewegung, jede Herabminderung der Rolle des ›bewussten Elements‹, der Rolle der Sozialdemokratie, zugleich – *ganz unabhängig davon, ob derjenige, der diese Holle herabmindert, das wünscht oder nicht – die Stärkung des Einflusses der bürgerlichen Ideologie auf die Arbeiter bedeutet*« (Lenin, 1902/1955, S.394).

Setzen wir das eingehender auseinander. In unserer Zeit können nur zwei Ideologien existieren: die bürgerliche und die sozialistische. Der Unterschied zwischen ihnen besteht u.a. auch darin, dass die erstere, d.h. die bürgerliche Ideologie, viel älter, verbreiteter ist und tiefere Wurzeln im Leben geschlagen hat als die zweite, dass man auf bürgerliche Ansichten allüberall stößt, in seinem eigenen und in fremdem Milieu, während die sozialistische Ideologie lediglich ihre ersten Schritte tut, sich erst einen Weg bahnt. Man braucht gar nicht davon zu reden, dass die bürgerliche Ideologie, d.h. das tradeunionistische Bewusstsein, wenn es sich um die Verbreitung der Ideen handelt, sich viel leichter verbreitet und die *spontane* Arbeiterbewegung viel breiter erfasst als die sozialistische Ideologie, die lediglich ihre ersten Schritte tut. Dies ist umso wahrer, als die *spontane* Bewegung – eine Bewegung ohne Sozialismus – ohnehin »eben zu ihrer Unterordnung unter die bürgerliche Ideologie [führt]« (S.396). Unterwerfung unter die bürgerliche Ideologie bedeutet aber Verdrängung der sozialistischen Ideologie, da sie einander gegenseitig verneinen.

Wie? wird man uns fragen, neigt denn die Arbeiterklasse nicht zum Sozialismus hin? Jawohl, sie neigt zum Sozialismus hin. *Wäre das nicht der Fall, so wäre die Tätigkeit der Sozialdemokratie zwecklos.* Wahr ist aber auch, dass dieser Hinneigung eine andere Hinneigung gegenübersteht und hinderlich ist – die Hinneigung zur bürgerlichen Ideologie.

Ich habe soeben gesagt, dass unser gesellschaftliches Leben von bürgerlichen Ideen durchtränkt ist, weshalb es viel leichter ist, die bürgerliche Ideologie zu verbreiten als die sozialistische. Man darf nicht vergessen, dass zu gleicher Zeit die bürgerlichen Ideologen nicht schlummern, dass sie sich auf ihre Art als Sozialisten verkleiden und unermüdlich versuchen, die Arbeiterklasse der bürgerlichen Ideologie zu unterwerfen. Wenn hierbei auch die Sozialdemokraten, gleich den »Ökonomisten«, Maulaffen feilhalten und im Nachtrab der spontanen Bewegung einhertrotten (und die Arbeiterbewegung ist eben dann spontan, wenn die Sozialdemokratie sich so verhält), so leuchtet ganz von selbst ein, dass die spontane Arbeiterbewegung diesen ausgetretenen Weg beschreiten und sich der bürgerlichen Ideologie unterwerfen wird, selbstverständlich so lange, bis langwierige Irrungen und Qualen sie dazu nötigen, mit der bürgerlichen Ideologie zu brechen und der sozialen Revolution entgegenzustreben.

Eben dies heißt Hinneigung zur bürgerlichen Ideologie.

Hören wir, was Lenin (1902/1955) sagt:

»Die Arbeiterklasse fühlt sich spontan zum Sozialismus hingezogen, aber die am weitesten verbreitete (und in den mannigfaltigsten Formen ständig wiederauferstehende) bürgerliche Ideologie drängt sich trotzdem spontan dem Arbeiter am meisten auf« (S.397). Eben deshalb unterwirft sich *die spontane* Arbeiterbewegung, solange sie *spontan* ist, solange sie sich nicht mit dem sozialistischen Bewusstsein vereinigt hat, der bürgerlichen Ideologie und neigt zu dieser Unterwerfung hin (S.396). Wäre *dem nicht so, dann wäre eine sozialdemokratische Kritik, eine sozialdemokratische Propaganda überflüssig, dann wäre auch die »Vereinigung von Arbeiterbewegung und Sozialismus« überflüssig.*

Die Sozialdemokratie ist verpflichtet, diese Hinneigung zur bürgerlichen Ideologie zu *bekämpfen* und die andere Hinneigung zu fördern – die Hinneigung zum Sozialismus. Natürlich wird sich irgendeinmal, nach langen Irrungen und Qualen, die spontane Bewegung auch ohne Hilfe der Sozialdemokratie durchsetzen, bei den Toren der sozialen Revolution anlangen, da »[d]ie Arbeiterklasse…sich *spontan* zum Sozialismus hingezogen [fühlt]« (S.397). Was aber soll bis dahin werden, was sollen wir bis dahin tun? Die Hände in den Schoß legen, wie die »Ökonomisten«, und den Struves und Subatows Platz machen? Die Sozialdemokratie abschwören und dadurch die Herrschaft der bürgerlichen, tradeunionistischen Ideologie begünstigen? Den Marxismus vergessen und nicht »Sozialismus und Arbeiterbewegung vereinigen«?

Nein! Die Sozialdemokratie ist der Vortrupp des Proletariats (Marx & Engels, 1848/1977, S.474), und hat die Pflicht, stets an der Spitze des Proletariats zu marschieren, die Pflicht, »die Arbeiterbewegung von dem spontanen Streben des Trade-Unionismus, sich unter die Fittiche der Bourgeoisie zu begeben, *abzubringen* und sie unter die Fittiche der revolutionären Sozialdemokratie zu bringen« (Lenin, 1902/1955,

S.396). Es ist die Pflicht der Sozialdemokratie, das sozialistische Bewusstsein in die spontane Arbeiterbewegung hineinzutragen, die Arbeiterbewegung mit dem Sozialismus zu vereinigen und auf diese Weise dem Kampf des Proletariats sozialdemokratischen Charakter zu verleihen.

Man sagt, dass die Arbeiterklasse in einigen Ländern selbst eine sozialistische Ideologie (den wissenschaftlichen Sozialismus) herausgearbeitet habe und sie auch in den übrigen Ländern selbst herausarbeiten werde, weshalb es ganz überflüssig sei, sozialistisches Bewusstsein in die Arbeiterbewegung von außen hineinzutragen. Das ist jedoch ein schwerer Irrtum. Um den wissenschaftlichen Sozialismus herauszuarbeiten, muss man an der Spitze der Wissenschaft stehen, muss man mit wissenschaftlichen Kenntnissen gewappnet sein und es verstehen, die Gesetze der historischen Entwicklung eingehend zu erforschen. Die Arbeiterklasse aber, solange sie Arbeiterklasse bleibt, ist außerstande, an die Spitze der Wissenschaft zu treten, sie vorwärtszubringen und die historischen Gesetze wissenschaftlich zu erforschen: sie hat hierfür weder Zeit noch Mittel. Der wissenschaftliche Sozialismus »kann nur erstehen auf Grund tiefer wissenschaftlicher Einsicht«, sagt K. Kautsky. »Der Träger der Wissenschaft ist aber nicht das Proletariat, sondern die *bürgerliche Intelligenz« (hervorgehoben von K. Kautsky);* »in einzelnen Mitgliedern dieser Schicht ist denn auch der moderne Sozialismus entstanden und durch sie erst geistig hervorragenden Proletariern mitgeteilt worden« (Lenin, 1902/1955, S.395).[5]

Dementsprechend sagt Lenin: Alle, die die spontane Arbeiterbewegung anbeten und ihr, die Hände im Schoß, von der Seite her zuschauen, alle, die die Bedeutung der Sozialdemokratie ständig herabmindern und den Struves und Subatows Platz machen, sie alle bilden sich ein, dass diese Bewegung selber den wissenschaftlichen Sozialismus herausarbeiten wird. »Aber das ist ein schwerer Fehler« (S.394).

Manche glauben, die Petersburger Arbeiter, die in den neunziger Jahren streikten, hätten sozialdemokratisches Bewusstsein besessen, aber auch das ist ein Irrtum. Sie hatten kein solches Bewusstsein »*[und konnten es auch] gar nicht haben.* Dieses konnte ihnen nur von außen gebracht werden. Die Geschichte aller Länder zeugt davon, dass die Arbeiterklasse ausschließlich aus eigener Kraft nur ein trade-unionistisches Bewusstsein hervorzubringen vermag, d.h. die Überzeugung von der Notwendigkeit, sich in Verbänden zusammenzuschließen, einen Kampf gegen die Unternehmer zu führen, der Regierung diese oder jene für die Arbeiter notwendigen Gesetze abzutrotzen u.a.m. Die Lehre des Sozialismus ist hingegen aus den philosophischen, historischen und ökonomischen Theorien hervorgegangen, die von den gebildeten Vertretern der besitzenden Klassen, der Intelligenz, ausgearbeitet wurden. Auch die Begründer des modernen wissenschaftlichen Sozialismus, Marx und Engels, gehörten ihrer sozialen Stellung nach der bürgerlichen Intelligenz an« (S.385–386). Dies heißt selbstverständlich nicht, fährt Lenin fort, »dass die Arbeiter an dieser Ausarbeitung nicht teilnehmen. Aber sie nehmen daran nicht als Arbeiter teil, sondern als Theoretiker des Sozialismus, als die Proudhon und Weitling (die beide Arbeiter waren),[4] mit anderen Worten, sie nehmen nur dann und soweit daran teil, als es ihnen in höherem oder geringerem Maße gelingt, sich das Wissen ihres Zeitalters anzueignen und dieses Wissen zu bereichern« (S.395).

Alles dies kann man sich annähernd wie folgt vorstellen. Es existieren kapitalistische Zustände. Es gibt Arbeiter und Unternehmer. Sie kämpfen gegeneinander. Der wissenschaftliche Sozialismus ist vorläufig nirgends zu sehen. Von einem wissenschaftlichen Sozialismus gab es nirgends auch nur eine Spur, als die Arbeiter bereits den Kampf führten…Jawohl,

---

4   [Anmerkung von J.W. Stalin].

die Arbeiter kämpfen. Aber sie kämpfen isoliert gegen ihre Unternehmer, sie geraten in Konflikt mit den örtlichen Behörden: dort veranstalten sie Streiks, hier erscheinen sie in Versammlungen und auf Demonstrationen, dort verlangen sie von den Behörden Rechte, hier erklären sie den Boykott, die einen reden vom politischen Kampf, die anderen vom ökonomischen u. dgl. m. Aber das bedeutet noch nicht, dass die Arbeiter ein sozialdemokratisches Bewusstsein haben, das bedeutet noch nicht, dass das Ziel ihrer Bewegung die Abschaffung der kapitalistischen Ordnung ist, dass sie von dein Sturz des Kapitalismus und der Errichtung der sozialistischen Ordnung ebenso überzeugt sind, wie sie von der Unvermeidlichkeit des Sonnenaufgangs überzeugt sind, dass sie die Eroberung ihrer politischen Herrschaft (der Diktatur des Proletariats) als das notwendige Werkzeug für den Sieg des Sozialismus betrachten usw.

Unterdessen entwickelt sich die Wissenschaft. Die Arbeiterbewegung lenkt allmählich ihre Aufmerksamkeit auf sich. Der größte Teil der Gelehrten gelangt zu dem Gedanken, dass die Arbeiterbewegung eine Rebellion Widerspenstiger sei, die man mit der Peitsche zur Vernunft bringen sollte. Andere wieder meinen, es sei die Pflicht der Reichen, den Armen irgendwelche Brosamen zuzuteilen, d.h. die Arbeiterbewegung sei eine Bewegung von Bettlern, deren Ziel es sei, Almosen zu erhalten. Und unter tausend solchen Gelehrten wird sich vielleicht nur einer finden, der an die Arbeiterbewegung wissenschaftlich herangeht, das ganze gesellschaftliche Leben wissenschaftlich erforscht, den Zusammenstoß der Klassen verfolgt, auf das Murren der Arbeiterklasse lauscht und schließlich wissenschaftlich beweist, dass die kapitalistische Ordnung durchaus nicht etwas Ewiges ist, dass sie ebenso vorübergehend ist wie der Feudalismus, dass ihr unvermeidlich die sie negierende sozialistische Ordnung folgen muss, die nur vom Proletariat vermittels der sozialen Revolution errichtet werden kann. Mit einem Wort, der wissenschaftliche Sozialismus wird herausgearbeitet.

Es versteht sich, dass es, wenn es keinen Kapitalismus und keinen Klassenkampf gäbe, auch keinen wissenschaftlichen Sozialismus gäbe. Wahr ist aber auch, dass jene wenigen, sagen wir Marx und Engels, den wissenschaftlichen Sozialismus nicht herausgearbeitet hätten, wenn sie nicht über wissenschaftliche Kenntnisse verfügt hätten.

Was ist wissenschaftlicher Sozialismus *ohne Arbeiterbewegung?* Ein Kompass, der, macht man von ihm keinen Gebrauch, nur verrosten kann, und dann müsste er über Bord geworfen werden.

Was ist Arbeiterbewegung *ohne Sozialismus?* Ein Schiff ohne Kompass, das auch so am anderen Ufer landen wird, das jedoch, wenn es einen Kompass hat, das Ufer bedeutend schneller erreichen und weniger Gefahren ausgesetzt sein würde.

Vereinigt beides, und ihr erhaltet ein prächtiges Schiff, das direkt nach dem anderen Ufer steuert und den Hafen unbeschädigt erreicht.

Vereinigt die Arbeiterbewegung mit dem Sozialismus, und ihr erhaltet die sozialdemokratische Bewegung, die auf direktem Wege dem »gelobten Land« entgegenstreben wird.

Da ist es nun die Pflicht der Sozialdemokratie (und nicht nur der sozialdemokratischen Intellektuellen), Sozialismus und Arbeiterbewegung zu vereinigen, sozialistisches Bewusstsein in die Bewegung hineinzutragen und der spontanen Arbeiterbewegung auf diese Weise sozialdemokratischen Charakter zu verleihen.

So sagt Lenin.

Manche behaupten, nach Meinung Lenins und der »Mehrheit« treibe die Arbeiterbewegung, wenn sie nicht mit der sozialistischen Ideologie verbunden ist, dem Untergang entgegen und werde die soziale Revolution nicht erreichen.

Dies ist jedoch eine Erfindung, eine Erfindung müßiger Menschen, die wohl nur solchen Quasimarxisten wie An einfallen konnte (siehe »Was ist die Partei?«, »Mogsauri«[6] Nr.6).

Lenin (1902/1955) behauptet mit Bestimmtheit, dass »die Arbeiterklasse sich spontan zum Sozialismus hingezogen fühlt« (S.397), und wenn er nicht lange hierbei verweilt, so nur deshalb, weil er es für überflüssig hält, das zu beweisen, was ohnehin schon bewiesen ist. Außerdem hat Lenin es sich durchaus nicht zum Ziel gesetzt, die *spontane* Bewegung zu erforschen, er wollte nur den Praktikern zeigen, was sie *bewusst* zu tun haben.

Hören wir, was Lenin (1904/1973a) noch an einer anderen Stelle sagt, wo er mit Martow polemisiert:

»‹Unsere Partei ist die bewusste Trägerin des unbewussten Prozesses‹. So ist es. Und eben darum ist es falsch, danach zu streben, dass ›jeder Streikende‹ sich Parteimitglied nenne, denn wäre ›jeder Streik‹ nicht nur ein elementarer Ausdruck des machtvollen Klasseninstinkts und des Klassenkampfes, der unvermeidlich zur sozialen Revolution führt, sondern ein *bewusster Ausdruck* dieses Prozesses, dann…dann wäre der Generalstreik keine anarchistische Phrase, dann *würde* unsere Partei sofort und mit einem Schlage die gesamte Arbeiterklasse *erfassen* und folglich auch mit einem Schlage der *gesamten bürgerlichen Gesellschaft* ein Ende machen« (S.272–273).

Wie man sieht, führen nach Lenins Meinung Klassenkämpfe und Klassenzusammenstöße, auch wenn sie nicht als sozialdemokratisch bezeichnet werden können, die Arbeiterklasse dennoch unvermeidlich zur sozialen Revolution.

Interessiert euch die Meinung auch anderer Vertreter der »Mehrheit«, so hört zu. Einer von ihnen, Genosse Gorin, sagte auf dem II. Parteitag:

»Wie stünde die Sache, wenn das Proletariat sich selbst überlassen wäre? Die Sachlage wäre eine ähnliche wie am Vorabend der bürgerlichen Revolution. Die bürgerlichen Revolutionäre hatten keinerlei wissenschaftliche Ideologie. Und trotzdem ist die bürgerliche Ordnung entstanden. Das Proletariat würde natürlich ohne Ideologen schließlich und endlich auf die soziale Revolution hinarbeiten, aber instinktiv… Es würde auch instinktiv den Sozialismus praktizieren, aber es würde keine sozialistische Theorie haben. Der Prozess wäre lediglich langsam und qualvoller« (Protokoll des II. Parteitags, S.129).

Erläuterungen sind überflüssig.

Also: die *spontane* Arbeiterbewegung, die Arbeiterbewegung *ohne den Sozialismus,* verflacht unvermeidlich und nimmt tradeunionistischen Charakter an – sie unterwirft sich der bürgerlichen Ideologie. Darf man hieraus den Schluss ziehen, der Sozialismus sei alles und die Arbeiterbewegung sei nichts? Natürlich nicht! So sprechen nur Idealisten. Irgendeinmal, nach sehr langer Zeit, wird die ökonomische Entwicklung die Arbeiterklasse unvermeidlich zur sozialen Revolution führen und sie folglich veranlassen, ganz und gar mit der bürgerlichen Ideologie zu brechen. Es handelt sich nur darum, dass dieser Weg sehr langwierig und schmerzhaft sein wird.

Anderseits wird der Sozialismus *ohne die Arbeiterbewegung,* auf welchem wissenschaftlichen Boden er auch entstanden sein möge, dennoch eine leere Phrase bleiben und seine Bedeutung verlieren. Kann man hieraus den Schluss ziehen, die Bewegung sei alles und der Sozialismus nichts? Natürlich nicht! So räsonieren nur Quasimarxisten, für die das Bewusstsein keinerlei Bedeutung hat, da es vom gesellschaftlichen Sein selbst geboren werde. Den Sozialismus kann man mit der Arbeiterbewegung vereinigen und dadurch aus einer leeren Phrase zu einer scharfen Waffe machen.

Die Schlussfolgerung?

Die Schlussfolgerung lautet: Die Arbeiterbewegung muss mit dem Sozialismus vereinigt werden, die praktische

Tätigkeit und das theoretische Denken müssen in eins verschmelzen und dadurch der spontanen Arbeiterbewegung sozialdemokratischen Charakter verleihen, denn »die Sozialdemokratie [ist die] Vereinigung von Arbeiterbewegung und Sozialismus« (Kautksy, 1892, S.239). Dann wird der mit der Arbeiterbewegung vereinigte Sozialismus aus einer leeren Phrase in den Händen der Arbeiter zu der größten Macht werden. Dann wird die spontane Bewegung, zu einer sozialdemokratischen Bewegung geworden, mit raschen Schritten und auf sicherem Wege zur sozialistischen Ordnung schreiten.

Worin besteht also die Bestimmung der Sozialdemokratie Russlands? Was müssen wir tun?

Es ist unsere Pflicht, die Pflicht der Sozialdemokratie, die spontane Bewegung der Arbeiter von dem tradeunionistischen Wege abzubringen und sie auf den sozialdemokratischen Weg zu bringen. Es ist unsere Pflicht, in diese Bewegung das sozialistische Bewusstsein[5] hineinzutragen und die fortgeschrittenen Kräfte der Arbeiterklasse zu einer einzigen zentralisierten Partei zu vereinigen. Es ist unsere Aufgabe, stets an der Spitze der Bewegung zu marschieren und unermüdlich alle zu bekämpfen – ob Feind oder »Freund« –, die die Verwirklichung dieser Aufgaben behindern.

Das ist in großen Zügen der Standpunkt der »Mehrheit«.

Unserer »Minderheit« gefällt der Standpunkt der »Mehrheit« nicht: er sei »unmarxistisch«, er »widerspreche von Grund aus« dem Marxismus! Wirklich, Verehrteste? Wo, wann, auf welchem Planeten wäre denn das so? Lest unsere Artikel, sagen sie, und ihr werdet euch überzeugen, dass wir recht haben. Wollen wir sie also lesen.

Vor uns liegt der Artikel: »Was ist die Partei?« (siehe »Mogsauri« Nr.6.) Wessen beschuldigt der »Kritiker« An die Partei»mehrheit«? »Sie (die ›Mehrheit‹)…erklärt sich für das

---

5   Das Marx und Engels *herausgearbeitet* haben.

Haupt der Partei…und verlangt von den anderen Unterwerfung…und, um ihr Verhalten zu rechtfertigen, ersinnt sie häufig sogar neue Theorien, wie z.B.: das arbeitende Volk könne sich nicht mit eigenen Kräften die ›hohen Ideale‹ *zu eigen machen (von mir bei vorgehoben)* u.dgl.m.« (»Mogsauri« Nr.6, S.71.).

Fragt sich jetzt, stellt die »Mehrheit« derartige »Theorien« auf und hat sie sie jemals aufgestellt? Nirgends und niemals! Im Gegenteil, der ideologische Vertreter der »Mehrheit«, Genosse Lenin (1902/1955), sagt mit aller Bestimmtheit, dass die Arbeiterklasse sich sehr leicht die »hohen Ideale« zu *eigen macht,* dass sie sich sehr leicht den Sozialismus zu *eigen macht.* Man höre:

»Man sagt oft: Die Arbeiterklasse fühlt sich *spontan* zum Sozialismus hingezogen. Das ist vollkommen richtig in dem Sinne, dass die sozialistische Theorie tiefer und richtiger als jede andere die Ursachen des Elends der Arbeiterklasse aufzeigt; darum wird sie von den Arbeitern auch so leicht erfasst« (S.397).

Wie man sieht, machen sich nach Meinung der »Mehrheit« die Arbeiter jene »hohen Ideale«, die Sozialismus heißen, leicht zu eigen.

Wozu klügelt dann An, wo hat er seine seltsame »Entdeckung« ausgegraben? Die Sache ist die, lieber Leser, dass der »Kritiker« An etwas ganz anderes im Auge hatte. Er hatte die Stelle in dem Buche »Was tun?« im Auge, wo Lenin von der *Herausarbeitung* des Sozialismus spricht, wo er behauptet, dass die Arbeiterklasse mit eigenen Kräften den wissenschaftlichen Sozialismus nicht *herausarbeiten kann* (vgl. S.385–386). Wieso denn? werdet ihr sagen. Eine Sache ist es, den Sozialismus *herausarbeiten,* und eine andere Sache, ihn sich *zu eigen machen.* Weshalb hat An die Worte Lenins vergessen, in denen er so klar von der *Aneignung* der »hohen Ideale« spricht? Sie haben recht, lieber Leser, aber was soll An tun,

wenn er nun einmal so sehr darauf versessen ist, ein »Kritiker«
zu sein? Man denke nur, welche heroische Tat: seine eigene
»Theorie« erdichten, sie dem Gegner zuschreiben und dann
selbst die Frucht der eigenen Phantasie zu bombardieren.
Auch eine Kritik! Jedenfalls steht es außer Zweifel, dass An
sich Lenins Buch »Was tun?« »nicht mit eigenen Kräften zu
eigen machen konnte«.

Schlagen wir jetzt den sogenannten »Sozialdemokrat«
auf. Was sagt der Verfasser des Artikels »Mehrheit oder Minderheit?« (siehe »Sozialdemokrat« Nr.1)?

Er wirft sich in Positur und zieht mit großem Lärm
gegen Lenin zu Felde, weil dieser der Meinung ist, dass die
»natürliche (soll heißen ›spontane‹) Entwicklung der Arbeiterbewegung nicht zum Sozialismus treibt, sondern zur bürgerlichen Ideologie« (»Sozialdemokrat« Nr.1, S.14.). Der
Verfasser begreift offenbar nicht, dass die *spontane* Arbeiterbewegung eine Bewegung ohne Sozialismus ist (möge der
Verfasser beweisen, dass dies nicht der Fall ist), und eine
solche Bewegung unterwirft sich unbedingt der bürgerlich-
tradeunionistischen Ideologie, neigt zu ihr hin, denn heut-
zutage können nur zwei Ideologien existieren – die sozialistische und die bürgerliche, und wo es die erstere nicht gibt,
da taucht unbedingt die zweite auf und nimmt ihren Platz
ein (beweisen Sie das Gegenteil!). Jawohl, eben das sagt Lenin. Gleichzeitig aber vergisst er auch die andere Hinneigung
nicht, die der Arbeiterbewegung eigen ist, die Hinneigung
zum Sozialismus, die nur zeitweilig von der Hinneigung zur
bürgerlichen Ideologie überschattet wird. Lenin (1902/1955)
sagt direkt, dass »die Arbeiterklasse sich spontan zum Sozialismus hingezogen fühlt« (S.397), und er bemerkt mit Recht,
es sei die Pflicht der Sozialdemokratie, den Sieg *dieser* Hinneigung zu beschleunigen, unter anderem auch durch den
Kampf gegen die »Ökonomisten«. Weshalb also haben Sie,
werter »Kritiker«, in Ihrem Artikel diese Worte Lenins nicht

angeführt? Stammen sie etwa nicht von dem gleichen Lenin? Ihnen passte das nicht in den Kram, nicht wahr?

»Lenins Meinung zufolge…ist der Arbeiter seiner *Lage* nach (von mir hervorgehoben) eher ein Bourgeois als ein Sozialist« (»Sozialdemokrat« Nr.1, S.14), fährt der Verfasser fort. Das ist nun eine Dummheit, wie ich sie selbst von einem solchen Autor nicht erwartet hätte! Ist denn etwa bei Lenin von der *Lage* des Arbeiters die Rede, behauptet er etwa, der Arbeiter sei seiner *Lage* nach Bourgeois? Welcher Dummkopf kann sagen, der Arbeiter sei seiner *Lage* nach Bourgeois – der Arbeiter, der der Produktionsinstrumente beraubt ist und vom Verkauf seiner Arbeitskraft lebt? Nein! Lenin sagt etwas ganz anderes. Die Sache ist die, dass ich meiner *Lage* nach Proletarier und nicht Bourgeois sein kann, mir hierbei jedoch meiner *Lage* nicht bewusst sein und mich deshalb der bürgerlichen Ideologie unterwerfen kann. Gerade so steht die Sache auch im vorliegenden Fall mit der Arbeiterklasse. Und dies bedeutet etwas ganz anderes.

Überhaupt liebt es der Verfasser, mit leeren Worten um sich zu werfen – er schießt los, ohne zu überlegen! Da behauptet der Verfasser z.B. hartnäckig, dass der »Leninismus dem Marxismus von Grund aus widerspricht« (»Sozialdemokrat« Nr.1, S.15), er behauptet es, ohne zu verstehen, wohin ihn diese »Idee« führt. Glauben wir ihm für einen Augenblick, dass der Leninismus wirklich »dem Marxismus von Grund aus widerspricht«. Und weiter? Was ergibt sich daraus? Folgendes: »Der Leninismus hat die ›Iskra‹« (die alte »Iskra«) »mitgerissen« – dies leugnet auch der Verfasser nicht –, folglich »widerspricht auch die ›Iskra‹ von Grund aus dem Marxismus«. Der II. Parteitag hat mit den 35 Stimmen der Mehrheit die »Iskra« als Zentralorgan der Partei anerkannt und sich mit großem Lob über ihre Verdienste ausgesprochen (siehe Protokoll des II. Parteitags, S.147),[6] folglich widersprechen dieser Parteitag, sein Programm und seine Taktik alle drei »von Grund aus dem Marxismus«…Lächerlich, nicht wahr, lieber Leser?

Der Verfasser fährt dennoch fort: »Nach Lenins Meinung treibt die spontane Arbeiterbewegung zur Vereinigung mit der Bourgeoisie«. Ja, ja, der Verfasser treibt zweifellos zur Vereinigung mit der Dummheit, und es wäre gut, wenn er von diesem Wege abkäme.

Aber lassen wir den »Kritiker«. Wenden wir uns dem Marxismus zu.

Der werte »Kritiker« behauptet hartnäckig, der Standpunkt der »Mehrheit« und ihres Vertreters Lenin widerspreche von Grund aus dem Marxismus, denn sowohl Kautsky als auch Marx und Engels sagen angeblich das Umgekehrte von dem, was Lenin verteidigt! Ist dem so? Lasst uns sehen!

»K. Kautsky«, so teilt uns der Verfasser mit, »schreibt in seinem ›Erfurter Programm‹: ›Indessen sind die Interessen des Proletariats und die der Bourgeoisie zu gegensätzlicher Natur, als dass sich die…Bestrebungen der beiden Klassen auf die Dauer miteinander vereinigen ließen, *früher oder später* muss in jedem Lande der kapitalistischen Produktionsweise die Anteilnahme der Arbeiterklasse an der Politik dahin führen, dass sie sich von den bürgerlichen Parteien loslöst und eine selbstständige Partei bildet, *die Arbeiterpartei‹«.*

Was aber folgt hieraus? Nur dies, dass die Interessen der Bourgeoisie und des Proletariats einander widersprechen, dass das Proletariat sich »früher oder später« von der Bourgeoisie loslösen und eine selbstständige *Arbeiterpartei* bilden wird (wohlgemerkt eine *Arbeiterpartei* und nicht eine *sozialdemokratische* Arbeiterpartei). Der Verfasser meint,

---

6   Ebenda die Resolution, wo die »Iskra« als die wirkliche Verteidigerin der Prinzipien des Sozialdemokratismus bezeichnet wird.

Kautsky sei hier anderer Meinung als Lenin! Indes sagt Lenin (1904/1973a), dass das Proletariat *früher oder später* sich nicht nur von der Bourgeoisie loslösen, sondern auch die soziale Revolution vollführen, d.h. die Bourgeoisie stürzen wird (S.272–273). Es ist die Aufgabe der Sozialdemokratie, fügt er hinzu, sich zu bemühen, dass dies so *schnell* wie möglich und *bewusst* geschehe. Jawohl, *bewusst* und nicht spontan, da Lenin eben gerade von dieser Bewusstheit spricht.

»Wo es zur Bildung einer selbstständigen Arbeiterpartei kommt«, fährt der »Kritiker« fort, Kautskys Buch zu zitieren, »da muss diese mit Naturnotwendigkeit früher oder später sozialistische Tendenzen an*nehmen,* wenn sie nicht von vorneherein von solchen erfüllt ist, da muss sie schließlich zu einer *sozialistischen* Arbeiterpartei werden: zur *Sozialdemokratie«* (»Sozialdemokrat« Nr.1, S.15).

Was heißt das? Nur dies, dass die Arbeiterpartei sozialistische Tendenzen *annehmen* wird. Aber leugnet das Lenin? Keinesfalls! Lenin (1902/1955) sagt direkt, dass nicht nur die Arbeiterpartei, sondern auch die ganze Arbeiterklasse sich den Sozialismus zu eigen macht (S.395). Was für einen Unsinn tragen also dieser »Sozialdemokrat« und sein verlogener Heros zusammen? Wozu reden sie so viel Blech? Sie haben läuten hören, wie man sagt, und wissen nicht, wo die Glocken hängen. Gerade so ist es eben unserem in Konfusion geratenen Autor ergangen.

Wie man sieht, unterscheidet Kautsky sich hier um kein Tüttelchen von Lenin. Dafür beweist alles dies mit außerordentlicher Klarheit die Denkschwäche des Autors.

Sagt Kautsky (1901) irgendetwas zugunsten des Standpunkts der »Mehrheit«? Hören wir, was er in einem seiner vortrefflichen Artikel schreibt, wo er den Programmentwurf der österreichischen Sozialdemokratie untersucht:

»Manche unserer revisionistischen Kritiker« (Anhänger

Bernsteins) »nehmen an, Marx hätte behauptet, die ökonomische Entwicklung und der Klassenkampf schüfen nicht bloß die Vorbedingungen sozialistischer Produktion, sondern auch direkt die *Erkenntnis*« (hervorgehoben von K. K.) »ihrer Notwendigkeit, und da sind die Kritiker gleich fertig mit dem Einwand, dass das Land der höchsten kapitalistischen Entwicklung, England… am freiesten von dieser Erkenntnis sei. Nach der neuen Fassung« (des österreichischen Entwurfs) »könnte man annehmen, dass auch die österreichische Programmkommission…Standpunkt teile. Denn es heißt da: Je mehr die Entwicklung des Kapitalismus das Proletariat anschwellen macht, desto mehr wird es gezwungen und befähigt, den Kampf gegen ihn aufzunehmen. Es kommt zum Bewusstsein‹ der Möglichkeit und Notwendigkeit des Sozialismus etc. In diesem Zusammenhang erscheint das sozialistische Bewusstsein als das notwendige direkte Ergebnis des proletarischen Klassenkampfes. Das ist aber falsch.…Das moderne sozialistische Bewusstsein kann nur erstehen auf Grund tiefer wissenschaftlicher Einsicht.…Der Träger der Wissenschaft ist aber nicht das Proletariat, sondern die *bürgerliche Intelligenz*« (hervorgehoben von K. K.); »in einzelnen Mitgliedern dieser Schicht ist denn auch der moderne Sozialismus entstanden und durch sie erst geistig hervorragenden Proletariern mitgeteilt worden, die ihn dann in den Klassenkampf des Proletariats hineintragen…Das sozialistische Bewusstsein ist also etwas in den Klassenkampf des Proletariats von außen Hineingetragenes, nicht etwas aus ihm urwüchsig Entstandenes. Dem entsprechend sagt auch das alte Hainfelder Programm ganz richtig, dass es zu den Aufgaben der Sozialdemokratie gehöre, das Proletariat mit dem *Bewusstsein*« (hervorgehoben von K. K.)

»seiner Lage und seiner Aufgabe zu erfüllen« (S. 79).[7]

Erinnern Sie sich nicht, lieber Leser, der ähnlichen Gedanken Lenins in dieser Frage, erinnern Sie sich nicht des bekannten Standpunkts der »Mehrheit«? Weshalb haben das »Tifliser Komitee« und sein »Sozialdemokrat« die Wahrheit unterschlagen, weshalb hat der werte »Kritiker«, als er von Kautsky sprach, diese Worte Kautskys in seinem Artikel nicht angeführt? Wen betrügen die Verehrtesten, warum bringen sie dem Leser so viel »Geringschätzung« entgegen? Etwa darum, weil sie…die Wahrheit fürchten, sich vor der Wahrheit verstecken und glauben, man könne auch die Wahrheit verbergen? Sie gleichen jenem Vogel, der den Kopf unter den Flügel steckt und sich einbildet, niemand sähe ihn! Aber sie irren sich ebenso wie jener Vogel.

Wird das sozialistische Bewusstsein auf wissenschaftlichem Boden herausgearbeitet, wird dieses Bewusstsein durch die Bemühungen der Sozialdemokratie[8] in die Arbeiterbewegung von außen hineingetragen, so ist es klar, dass alles dies deshalb geschieht, weil die Arbeiterklasse, solange sie Arbeiterklasse bleibt, nicht an die Spitze der Wissenschaft treten und mit eigenen Kräften den wissenschaftlichen Sozialismus herausarbeiten kann: sie hat dafür weder Zeit noch Mittel.

Folgendes sagt K. Kautsky (1892) in seinem »Erfurter Programm«:

»Der Proletarier kann im besten Fall einen Teil des Wissens, welches die bürgerliche Gelehrsamkeit zu Tage gefördert, sich aneignen und seinen Zwecken und Bedürfnissen entsprechend verarbeiten, aber es fehlen ihm – so lange er Proletarier bleibt – die Muße und die Mittel, die Wissen-

____

7   Dieser vortreffliche Artikel Kautskys ist bei Lenin (1902/1955) in »Was tun?« (S. 395) abgedruckt.

8   Und nicht nur der sozialdemokratischen Intellektuellen.

schaft selbständig über das von den bürgerlichen Denkern erreichte Maß hinauszuführen. So musste auch der urwüchsige Arbeitersozialismus alle wesentlichen Merkmale des Utopismus tragen« (S.236) (Utopismus ist eine falsche, unwissenschaftliche Theorie).

Ein utopischer Sozialismus solcher Art nimmt häufig anarchistischen Charakter an, fährt Kautsky fort, aber: »Es ist bekannt, dass die anarchistische Bewegung (das Wort hier im Sinne dieser proletarischen Utopisterei genommen, *K. Kautksy*) überall dort, wo sie zu einer Massenbewegung, zu einem wirklichen Klassenkampf wurde, früher oder später stets, trotz ihres anscheinenden Radikalismus, in vernünftelter *Nur-Gewerkschaftlerei*[9] geendet hat« (S.239).

Mit anderen Worten, wenn die Arbeiterbewegung sich nicht mit dem wissenschaftlichen Sozialismus vereinigt, so verflacht sie unvermeidlich, nimmt einen »nur gewerkschaftlichen« Charakter an, unterwirft sich folglich der tradeunionistischen Ideologie.

»Das ist eine Erniedrigung der Arbeiter, eine Verherrlichung der Intelligenz!« zetert unser »Kritiker« und sein »Sozialdemokrat«…Der arme »Kritiker«, der klägliche »Sozialdemokrat«! Sie halten das Proletariat für ein launenhaftes Fräulein, dem man nicht die Wahrheit sagen darf, dem man ewig Komplimente machen muss, damit es nicht davonläuft! Nein, Verehrteste! Wir glauben, dass das Proletariat mehr Standhaftigkeit an den Tag legen wird, als ihr denkt. Wir glauben, dass es die Wahrheit nicht fürchten wird! Ihr aber… Aber was soll man euch sagen: auch jetzt habt ihr die Wahrheit gefürchtet und in eurem Artikel dem Leser die wahren Ansichten Kautskys vorenthalten…

Somit ist der wissenschaftliche Sozialismus *ohne die Arbeiterbewegung* nichts als ein leeres Wort, das immer leicht

---

9   [Hervorhebung von J.W. Stalin].

in den Wind geredet werden kann.

Anderseits ist die Arbeiterbewegung *ohne den Sozialismus* ein trade-unionistisches Umherirren, das gewiss irgendeinmal zur sozialen Revolution führen wird, aber um den Preis langwieriger Qualen und Leiden.

Die Schlussfolgerung?

»Die Arbeiterbewegung muss sich mit dem Sozialismus vereinigen«: »Die Sozialdemokratie [ist die] Vereinigung von Arbeiterbewegung und Sozialismus« (S.239).

So sagt Kautsky, der Theoretiker des Marxismus.

Wir haben gesehen, dass die »Iskra« (die alte) und die »Mehrheit« dasselbe sagen.

Wir haben gesehen, dass Genosse Lenin auf dem gleichen Standpunkt steht.

Also die »Mehrheit« steht fest auf dem marxistischen Standpunkt.

Klar ist, dass die »Geringschätzung der Arbeiter«, die »Verherrlichung der Intelligenz«, der »unmarxistische Standpunkt der Mehrheit« und ähnliche Perlen, mit denen die menschewistischen »Kritiker« nur so um sich werfen, nichts anderes sind als ein Wortgeprassel, eine Phantasie der Tifliser »Menschewiki«.

Umgekehrt werden wir sehen, dass in der Tat die Tifliser »Minderheit« selbst, das »Tifliser Komitee« und sein »Sozialdemokrat« »dem Marxismus von Grund aus widersprechen«. Hiervon jedoch später. Vorläufig wollen wir folgendes beachten.

Zur Erhärtung seiner Auslassungen führt der Verfasser des Artikels »Mehrheit oder Minderheit?« Worte von Marx (?) an: »Der Theoretiker dieser oder jener Klasse kommt theoretisch zu der gleichen Schlussfolgerung, zu *welcher die Klasse selbst bereits praktisch gegangen ist*« (»Sozialdemokrat« Nr.1, S.15).

Von zwei Dingen eins. Entweder kennt der Autor die

georgische Sprache nicht, oder es ist ein Fehler des Setzers. Kein einziger schreibkundiger Mensch wird sagen »zu *welcher* bereits *gegangen* ist«. Richtig wäre »zu welcher bereits *gelangt ist« oder* »zu welcher bereits *geht*«. Hat der Autor das letztere im Auge (zu welcher bereits *geht),* so muss ich bemerken, dass er Marx‹ Worte unrichtig wiedergibt, dass Marx etwas Derartiges nicht gesagt hat. Hat der Autor aber die erste Formulierung im Auge, so gewinnt der von ihm angeführte Satz die folgende Gestalt: »Der Theoretiker dieser oder jener Klasse kommt theoretisch zu der gleichen Schlussfolgerung, zu *welcher* die Klasse selbst *bereits praktisch gelangt ist*«. Mit anderen Worten, sind Marx und Engels theoretisch zu der Schlussfolgerung gelangt, dass der Zusammenbruch des Kapitalismus und die Errichtung des Sozialismus unvermeidlich sind, so bedeutet das, dass das Proletariat den Kapitalismus *bereits praktisch* verworfen, den Kapitalismus bereits geschlagen und an seiner Stelle das sozialistische Leben errichtet hat!

Armer Marx! Wer weiß, welche Albernheiten unsere Quasimarxisten ihm noch zuschreiben werden!

Sagt Marx (1852/1960) das wirklich? Hören wir, was er tatsächlich sagt: er spricht davon, dass die theoretischen Vertreter der Kleinbourgeoisie »zu *denselben Aufgaben und Lösungen theoretisch getrieben werden, wohin jene* das materielle Interesse und die gesellschaftliche Lage *praktisch treiben*. Dies ist überhaupt das Verhältnis der politischen und literarischen Vertreter einer Klasse zu der Klasse, die sie vertreten« (S.142).[10/11]

Wie man sieht, sagt Marx durchaus nicht »*ist schon gegangen*«. Diese »philosophischen« Worte hat der werte »Kri-

---

10   [Hervorhebungen von J.W. Stalin].

11   Wenn Sie den »Achtzehnten Brumaire« nicht haben, so sehen Sie das Protokoll des II. Parteitags, S.111, nach, wo diese Worte von Marx angeführt sind.

tiker« hinzugedichtet.

In diesem Falle erhalten Marx' Worte einen ganz anderen Sinn.

Welchen Gedanken entwickelt Marx in dem angeführten Satz? Nur den, dass der Theoretiker dieser oder jener Klasse ein Ideal *nicht schaffen kann, es* sei denn, dass seine Elemente im Leben existieren, dass er die Elemente des Zukünftigen mir *wahrzunehmen* und auf diesem Boden das Ideal theoretisch zu *schaffen* vermag, zu dem diese oder jene Klasse praktisch kommt. Der Unterschied ist der, dass der Theoretiker der Klasse voraneilt und früher als sie den Keim des Zukünftigen wahrnimmt. Eben das heißt »theoretisch zu etwas kommen«.

Hören wir, was Marx und Engels (1848/1977) in ihrem »Manifest« sagen:

»Die Kommunisten« (d.h. die Sozialdemokraten) »sind also praktisch der entschiedenste, immer *weitertreibende Teil* der Arbeiterparteien aller Länder; sie haben theoretisch vor der übrigen Masse des Proletariats die *Einsicht* in die Bedingungen, den Gang und die *allgemeinen* Resultate der proletarischen Bewegung voraus« (S.474).[12]

Jawohl, die Ideologen »*treiben weiter*«, sie sehen bedeutend weiter als die »übrige Masse des Proletariats«, und hierauf kommt alles an. Die Ideologen treiben weiter, und eben deshalb ist die Idee, das sozialistische Bewusstsein, von großer Bedeutung für die Bewegung.

Ebendeshalb fallen Sie über die »Mehrheit« her, ehrenwerter »Kritiker«? Dann sagen Sie dem Marxismus Lebewohl und merken Sie sich, dass die »Mehrheit« auf ihren marxistischen Standpunkt stolz ist.

Die Lage der »Mehrheit« erinnert in diesem Fall in vieler Beziehung an die Lage, in der Engels sich in den neunziger

---

12   [Hervorhebungen von J.W. Stalin].

Jahren befand.

Die Idee sei die Quelle des gesellschaftlichen Lebens, behaupteten die Idealisten. Ihrer Meinung nach ist das gesellschaftliche Bewusstsein die Grundlage, worauf das Sein der Gesellschaft beruht. Deshalb nannte man sie auch Idealisten.

Es galt zu beweisen, dass die Ideen nicht vom Himmel fallen, dass sie vom Leben selbst hervorgebracht werden.

Auf der historischen Arena erscheinen Marx und Engels, und sie wurden dieser Rolle glänzend gerecht. Sie bewiesen, dass das gesellschaftliche Sein die Quelle der Ideen ist, dass deshalb das Sein der Gesellschaft die Grundlage ist, auf der das gesellschaftliche Bewusstsein beruht. Damit gruben sie dem Idealismus das Grab und ebneten den Weg für den Materialismus.

Manche Halbmarxisten verstanden dies so, als ob das Bewusstsein, die Ideen im Leben nur eine sehr geringe Bedeutung hätten.

Es galt, die große Bedeutung der Ideen zu beweisen.

Und da kam Engels und betonte in seinen Briefen (1891–1894), dass die Ideen gewiss nicht vom Himmel fallen, sondern vom Leben selbst hervorgebracht werden, dass sie aber, einmal hervorgebracht, große Bedeutung gewinnen, die Menschen vereinigen, sie organisieren und dem gesellschaftlichen Leben, das sie hervorgebracht hat, ihren Stempel aufdrücken, dass die Ideen in der historischen Bewegung von großer Bedeutung sind.

»Dies ist kein Marxismus, sondern ein Verrat am Marxismus«, begannen Bernstein und seinesgleichen zu zetern. Die Marxisten lachten bloß…

Es gab in Russland Halbmarxisten – die »Ökonomisten«. Sie behaupteten, da die Ideen vom gesellschaftlichen Sein hervorgebracht werden, sei auch das sozialistische Bewusstsein von geringfügiger Bedeutung für die Arbeiterbewegung.

Es galt zu beweisen, dass das sozialistische Bewusstsein

von großer Bedeutung für die Arbeiterbewegung ist, dass die Bewegung ohne dieses Bewusstsein ein tradeunionistisches Umherirren ist, von dem das Proletariat sich unbekannt wann freimachen wird, um zur sozialen Revolution zu gelangen.

Und da kam die »Iskra«, die dieser Rolle glänzend gerecht wurde. Es erschien das Buch »Was tun?«, worin Lenin die große Bedeutung des sozialistischen Bewusstseins betont. Es bildete sich die Partei»mehrheit«, die diesen Weg festen Schrittes einschlug.

Hier aber kommen die kleinen Bernsteine und beginnen zu schreien: Dies »widerspricht dem Marxismus von Grund aus«!

Ja, wisst ihr denn, ihr kleinen »Ökonomisten«, was der Marxismus ist?

Erstaunlich! wird der Leser sagen. Worum handelt es sich eigentlich? wird er fragen. Weshalb hat denn Plechanow seinen kritischen Artikel gegen Lenin geschrieben (siehe die neue »Iskra« Nr.70, 71)? Wofür tadelt er die »Mehrheit«? Wiederholen denn nicht die Tifliser Quasimarxisten und ihr »Sozialdemokrat« die von Plechanow ausgesprochenen Gedanken? Jawohl, sie wiederholen sie, aber so plump, dass es einen anwidert. Jawohl, Plechanow ist mit einer Kritik hervorgetreten. Aber wisst ihr, worum es sich handelt? Plechanow ist derselben Auffassung wie die »Mehrheit« und Lenin. Und nicht nur Plechanow, sondern auch Martow, auch Sassulitsch, auch Axelrod. Wirklich, in der Frage, von der wir oben gesprochen haben, haben die Führer der »Minderheit« keine andere Auffassung als die alte »Iskra«. Die alte »Iskra« aber ist das Banner der »Mehrheit«. Wundert euch nicht! Dies sind die Tatsachen.

Wir kennen den programmatischen Artikel der alten »Iskra« (siehe oben). Wir wissen, dass in diesem Artikel der Standpunkt der »Mehrheit« restlos niedergelegt wurde. Von wem stammt dieser Artikel? Von der damaligen Redaktion der »Iskra«. Wer gehörte dieser Redaktion an? Lenin, Plechanow, Axelrod, Martow, Sassulitsch und Starowjer. Von ihnen gehört heute nur Lenin allein der »Mehrheit« an, die übrigen fünf führen die »Minderheit«, aber Tatsache bleibt dennoch Tatsache – der Programmartikel der »Iskra« ist unter ihrer Redaktion erschienen, folglich dürften sie sich nicht von ihren Worten lossagen, sie haben offenbar geglaubt, was sie schrieben.

Aber wenn es beliebt, lassen wir die »Iskra« beiseite.

Hören wir, was Martow (1900) schreibt:

»Somit ist die Idee des Sozialismus zum ersten Mal nicht innerhalb der Arbeitermassen entstanden, sondern in den Arbeitszimmern von Gelehrten, die dem Milieu der Bourgeoisie entstammen« (S.3).

Hören wir weiter, was Wera Sassulitsch schreibt:

»Sogar die Idee der Klassensolidarität des gesamten Proletariats…ist gar nicht so einfach, dass sie im Kopfe jedes Arbeiters selbstständig entstünde…Der Sozialismus… erwächst auch überhaupt nicht ›von selbst‹ in den Köpfen der Arbeiter…Die sozialistische Theorie wurde vorbereitet von der gesamten Entwicklung sowohl des Lebens als auch des Wissens…und von einem mit diesem Wissen gewappneten genialen Verstand geschaffen. Auch der Beginn der Verbreitung der Ideen des Sozialismus in der Arbeiterschaft war fast auf dem ganzen Kontinent Europas das Werk von Sozialisten, die in den Lehranstalten für die höheren Klassen ihre Bildung erworben hatten« (»Sarja« [siehe Anmerkung 7] Nr.4, S.79–80).[7]

Hören wir jetzt Plechanow, der so gewichtig und feierlich in der neuen »Iskra« gegen Lenin aufgetreten ist (Nr.70, 71). Schauplatz ist der II. Parteitag. Plechanow polemisiert gegen Martynow und verteidigt Lenin. Er macht Martynow Vorwürfe, der sich an einen Satz Lenins klammert und das

Buch »Was tun?« als Ganzes übersehen hat, und fährt fort:

»Die Methode des Genossen Martynow erinnert mich an einen Zensor, der gesagt hat: ›Gebt mir das »Vaterunser« und erlaubt mir, dort einen Satz herauszureißen – und ich werde euch beweisen, dass sein Verfasser aufgehängt werden müsste‹. Aber alle Vorwürfe, die gegen diesen unglückseligen Satz (Lenins) gerichtet wurden, und nicht nur von dem Genossen Martynow, sondern auch von sehr vielen anderen, beruhen auf einem Missverständnis. Genosse Martynow führt Engels‹ Worte an: ›Der moderne Sozialismus ist der theoretische Ausdruck der modernen Arbeiterbewegung‹. Genosse Lenin ist ebenfalls mit Engels einverstanden…Aber Engels‹ Worte sind ein allgemeiner Leitsatz. Die Frage ist die, wer denn zum ersten Mal diesen theoretischen Ausdruck formuliert. Lenin hat keinen Traktat über Philosophie der Geschichte geschrieben, sondern einen polemischen Artikel gegen die ›Ökonomisten‹, die gesagt haben: Wir müssen abwarten, wohin die Arbeiterklasse selbst, ohne die Hilfe des ›revolutionären Bazillus‹ (d.h. ohne die Sozialdemokratie), gelangen wird. Der letzteren war es verboten, den Arbeitern irgendetwas zu sagen, eben weil sie der revolutionäre Bazillus1 ist, d.h. weil sie das theoretische Bewusstsein besitzt. Entfernt ihr aber den ›Bazillus1, so bleibt nur die unbewusste Masse, in die das Bewusstsein von außen hineingetragen werden muss. Hättet ihr Lenin gegenüber gerecht sein wollen und sein ganzes Buch aufmerksam gelesen, so würdet ihr gesehen haben, dass er eben das sagt« (Protokoll des II. Parteitags, S.123).

So sprach Plechanow auf dem II. Parteitag.

Nun aber tritt der gleiche Plechanow, aufgehetzt von den gleichen Martow, Axelrod, Sassulitsch, Starowjer u.a., einige Monate später abermals auf und erklärt, sich an denselben Satz Lenins klammernd, den er auf dem Parteitag *verteidigte*, Lenin und die »Mehrheit« seien keine Marxisten. Er weiß, würde man selbst aus dem »Vaterunser« einen Satz herausreißen und ihn losgerissen deuten, dann könnte sein Verfasser wohl gar wegen Gottesleugnung an den Galgen geraten. Er weiß, dass dies ungerecht wäre, dass ein unvoreingenommener Kritiker nicht so verfährt, aber er reißt dennoch diesen Satz aus Lenins Buch heraus, er verfährt dennoch ungerecht und bespuckt sich öffentlich selber. Martow, Sassulitsch, Axelrod und Starowjer aber nicken ihm beifällig zu, veröffentlichen unter ihrer Redaktion in der neuen »Iskra« Plechanows Artikel (Nr.70, 71) und bedecken sich hierdurch ein übriges Mal mit Schande.

Warum waren sie so charakterlos, warum haben diese Führer der »Minderheit« sich selbst bespuckt, warum haben sie sich von dem programmatischen Artikel in der »Iskra« losgesagt, den sie unterschrieben haben, warum schwören sie ihre eigenen Worte ab? Hat man in einer sozialdemokratischen Partei jemals von einer derartigen Falschheit gehört?

Was ist denn in den paar Monaten passiert, die zwischen dem II. Parteitag und dem Erscheinen von Plechanows Artikel lagen?

Die Sache ist die. Von den sechs Redakteuren hat der II. Parteitag nur drei – Plechanow, Lenin und Martow – zu Redakteuren der »Iskra« gewählt. Was Axelrod, Starowjer und Sassulitsch betrifft, so hat der Parteitag sie auf andere Posten gestellt. Der Parteitag hatte hierzu selbstverständlich das Recht, und jeder ist verpflichtet, sich ihm zu unterwerfen: der Parteitag verleiht dem Willen der Partei Ausdruck, er ist das höchste Parteiorgan, und wer seinen Beschlüssen zuwiderhandelt, der tritt den Willen der Partei mit Füßen.

Aber diese eigensinnigen Redakteure unterwarfen sich nicht dem Willen der Partei, der Parteidisziplin (die Parteidisziplin ist ebenfalls der Wille der Partei). Es stellt sich heraus, dass die Parteidisziplin für Leute wie wir, für einfache Parteiarbeiter, ausgedacht worden ist! Sie zürnten dem Parteitag, weil er sie nicht zu Redakteuren gewählt hat, schlugen sich abseits, zogen Martow mit und bildeten die Opposition. Sie erklärten der Partei den Boykott, weigerten sich, Parteiarbeit zu leisten, und begannen der Partei zu drohen: Wählt uns in die Redaktion, ins Zentralkomitee, in den Parteirat, sonst werden wir eine Spaltung vornehmen. Und die Spaltung begann. Hiermit haben sie noch einmal den Willen der Partei mit Füßen getreten.

Die Forderungen der in den Streik getretenen Redakteure sind folgende:

»Die alte Redaktion der ›Iskra‹ wird wiederhergestellt (d.h. gebt uns in der Redaktion *drei Sitze).*

In das Zentralkomitee wird eine bestimmte Anzahl von Mitgliedern der Opposition (d.h. der ›Minderheit‹) aufgenommen.

Im Parteirat werden *zwei Sitze* Mitgliedern der Opposition eingeräumt usw.…

Wir stellen diese *Bedingungen,* die allein der Partei die Möglichkeit *sichern,* einen Konflikt zu vermeiden, der die ganze Existenz der Partei bedroht« (d.h. stellt uns zufrieden, denn sonst werden wir in der Partei eine große Spaltung durchführen) (Kommentar zum Protokoll der Liga, S.26.).

Was antwortete ihnen die Partei?

Der Vertreter der Partei, das Zentralkomitee, und andere Genossen erklärten ihnen: Wir können nicht gegen den Parteitag angehen, die Wahlen sind Sache des Parteitags, aber wir werden dennoch versuchen, Frieden und Eintracht wiederherzustellen, obwohl, die Wahrheit zu sagen, es eine Schande ist, um *der Sitze willen* zu kämpfen, ihr wollt um *der Sitze willen* die Partei spalten usw.

Die in den Streik getretenen Redakteure fühlten sich beleidigt, ihnen wurde unbehaglich zumute – kam es doch wirklich so heraus, dass sie um der Sitze willen den Kampf angezettelt hatten –, und sie zogen Plechanow[13]/[8] auf ihre Seite hinüber und begannen ihr heroisches Werk. Sie mussten irgendeine recht *»schlagende«* *»Meinungsverschiedenheit«* zwischen der »Mehrheit« und der »Minderheit« *ausfindig machen* und damit beweisen, dass sie nicht um der Sitze willen kämp-

---

13   Der Leser wird möglicherweise fragen, wie es passieren konnte, dass Plechanow zur »Minderheit« überging, derselbe Plechanow, der ein eifriger Anhänger der »Mehrheit« war. Die Sache ist die, dass zwischen ihm und Lenin eine Meinungsverschiedenheit entstand. Als die »Minderheit« in Wut geriet und den Boykott erklärte, stellte Plechanow sich auf den Standpunkt, dass ein volles Nachgeben notwendig sei. Lenin war mit ihm nicht einverstanden. Plechanow begann allmählich der »Minderheit« zuzuneigen. Die Meinungsverschiedenheiten zwischen ihnen wuchsen sich noch mehr aus und schließlich ging die Sache so weit, dass Plechanow eines schönen Tages zu einem Gegner Lenins und der »Mehrheit« wurde. Hören wir, was Lenin hiervon schreibt:

»Einige Tage später suchte ich tatsächlich zusammen mit einem Mitglied des Rates Plechanow auf. Unser Gespräch mit ihm nahm folgenden Verlauf:

›Wissen Sie‹, sagte Plechanow, ›es gibt manchmal so zanksüchtige Frauen, dass man ihnen nachgeben muss, um einen hysterischen Anfall und einen lauten Skandal in der Öffentlichkeit zu vermeiden‹.

›Mag sein‹, antwortete ich, ›aber man muss so nachgeben, dass man die Macht behält, einem noch größeren ›Skandal‹ vorzubeugen‹« (siehe Kommentar zum Protokoll der Liga, S. 37, wo Lenins Brief (1904/1973b, S. 188) angeführt wird).

Lenin und Plechanow gelangten nicht zu einer Einigung. Mit diesem Augenblick begann der Übergang Plechanows zur »Minderheit«.

Wir haben aus glaubwürdigen Quellen erfahren, dass Plechanow auch die »Minderheit« verlässt und bereits sein eigenes Organ gegründet hat, den »Dnjewnik Sozialdemokrata« [siehe Anmerkung 8].

fen. Sie suchten, suchten und fanden eine Stelle in Lenins Buch, an der man, wenn man sie aus dem Zusammenhang herausgreift und losgerissen deutet, wirklich herumnörgeln kann. Eine gute Idee, dachten die Führer der »Minderheit«, Lenin ist der Führer der »Mehrheit«, schwärzen wir Lenin an und bringen wir dadurch die Partei auf unsere Seite. Da begannen nun Plechanows Deklamationen, »Lenin und seine Anhänger« seien »keine Marxisten«. Zwar haben sie den gleichen Gedanken aus Lenins Buch, gegen den sie heute zu Felde zogen, gestern noch verteidigt, aber was ist da zu machen: ein Opportunist heißt eben deshalb Opportunist, weil Prinzipientreue bei ihm nicht hoch im Kurse steht.

Das ist der Grund, weshalb sie sich selbst bespucken, das ist die Quelle ihrer Falschheit.

Aber das ist noch nicht alles.

Es verging einige Zeit. Sie sahen, dass außer einigen naiven Menschen niemand ihre Agitation gegen die »Mehrheit« und Lenin beachtete, sie sahen, dass die »Geschäfte« schlecht gingen, und sie beschlossen, noch einmal eine neue Farbe anzunehmen. Der gleiche Plechanow, die gleichen Martow und Axelrod fassten am 10. März 1905 im Namen des Parteirats eine Resolution, in der es u.a. heißt:

»Genossen! (sie wenden sich an die ›Mehrheit‹)…Beide Seiten (d.h. die ›Mehrheit‹ und die ›Minderheit‹) haben wiederholt ihre Überzeugung ausgesprochen, dass die bestehenden taktischen und organisatorischen Meinungsverschiedenheiten nicht von solchem Charakter sind, dass sie die Arbeit im Rahmen einer einheitlichen Parteiorganisation unmöglich machen« (»Iskra« Nr.91, S.3.), deshalb solle ein Kameradschaftsgericht (bestehend aus Bebel und anderen) eingesetzt und unser kleiner Streit beigelegt werden.

Kurzum, die Meinungsverschiedenheiten in der Partei seien nur ein Gezänk, über das ein Kameradschaftsgericht zu urteilen hätte, wir seien ja ein einheitliches Ganzes.

Aber wieso denn? Uns, die »Nichtmarxisten«, ruft man in die Parteiorganisationen, wir seien ein einheitliches Ganzes und dergleichen mehr… Was heißt das? Das ist doch ein Verrat an der Partei von eurer Seite, ihr Führer der »Minderheit«! Kann man denn »Nichtmarxisten« an die Spitze der Partei stellen? Haben denn »Nichtmarxisten« in einer sozialdemokratischen Partei Platz? Oder habt vielleicht auch ihr den Marxismus verraten und deshalb die Front gewechselt?

Es wäre jedoch naiv, eine Antwort zu erwarten. Die Sache ist die, dass diese braven Führer mehrere »Prinzipien« in der Tasche haben, und sie je nach Bedarf hervorziehen. Bei ihnen hat die Woche, wie es im Russischen heißt, sieben Freitage!…

Das sind die Führer der sogenannten »Minderheit«.

Man kann sich leicht vorstellen, wie der Anhang solcher Führer aussieht – die Tifliser sogenannte »Minderheit«… Das Unglück will noch, dass der Schwanz manchmal nicht auf den Kopf hört und ihm den Gehorsam verweigert. Während z. B. die Führer der »Minderheit« eine Versöhnung für möglich halten und die Parteiarbeiter zur Eintracht aufrufen, toben die Tifliser »Minderheit« und ihr »Sozialdemokrat« weiter: zwischen der »Mehrheit« und der »Minderheit«, so erklären sie, »wird ein Kampf auf Leben und Tod geführt« (siehe »Sozialdemokrat« Nr. 1.), und wir müssen einander ausrotten! Der eine ruft hü! der andere hott!

Die »Minderheit« beklagt sich darüber, dass wir sie Opportunisten (Prinzipienlose) nennen. Welchen anderen Namen als Opportunismus aber kann man dafür finden, wenn sie ihre eigenen Worte abschwören, wenn sie sich von einer Seite auf die andere werfen, wenn sie ewig schwanken und wanken? Ist es möglich, dass ein wahrer Sozialdemokrat dauernd seine Überzeugungen wechselt? So häufig werden ja nicht einmal die Taschentücher gewechselt.

Unsere Quasimarxisten behaupten hartnäckig, dass die

»Minderheit« einen wahrhaft proletarischen Charakter trägt. Ist dem so? Sehen wir zu.

Kautsky (1892) sagt: »Er« (der Proletarier) »ist leichter im Stande, Parteiprinzipien zu erfassen, er neigt zu einer prinzipiellen Politik, unbeeinflusst von Augenblicksstimmungen, persönlichen oder lokalen Interessen« (S.224).

Und die »Minderheit«? Neigt auch sie zu einer Politik, die nicht von Augenblicksstimmungen und anderen beeinflusst wird? Im Gegenteil: sie wankt ständig, sie schwankt ewig, sie hasst eine feste prinzipielle Politik, sie zieht die Prinzipienlosigkeit vor, sie folgt Augenblicksstimmungen. Die Tatsachen sind uns schon bekannt.

Kautsky sagt, dass der Proletarier die Parteidisziplin liebt: »Der Proletarier ist nichts als isoliertes Individuum. Seine ganze Kraft, seinganzes Fortschreiten, alle seine Erwartungen und Hoffnungen schöpft er aus der *Organisation*«. Eben deshalb lässt er sich weder von einem persönlichen Vorteil noch von persönlichem Ruhm hinreißen, er »erfüllt seine Pflicht auf jedem Posten, auf den er gestellt wird, in freiwilliger Disziplin, die sein ganzes Fühlen und Denken erfüllt« (siehe Lenin, 1904/1973a, S.325 wo diese Worte Kautskys angeführt werden).

Und die »Minderheit«? Ist sie ebenso von der Disziplin durchdrungen? Im Gegenteil, sie verachtet die Parteidisziplin und verspottet sie (siehe das Protokoll der Liga). Das erste Beispiel der Verletzung der Parteidisziplin lieferten die Führer der »Minderheit«. Erinnert euch an Axelrod, Sassulitsch, Starowjer, Martow und andere, die sich dem Beschluss des II. Parteitags nicht fügten.

»Ganz anders der Literat«, fährt Kautsky fort. Er füge sich mit großer Mühe der Parteidisziplin, und auch das nur aus Nötigung und nicht aus gutem Willen. »Die Notwendigkeit der Disziplin erkennt er nur für die Masse, nicht für auserlesene Geister an. Und zu diesen rechnet er sich natürlich auch…Das ideale Beispiel eines Literaten, der vollständig im Empfindungsleben des Proletariats aufging und…auf jedem Posten wirkte, auf den er hingestellt wurde, sich stets ganz unserer großen Sache unterordnete und jenes weichliche Gewinsel…verachtete, das der…Literat gerne dann anstimmt, wenn er einmal in der Minorität bleibt – das ideale Beispiel eines Literaten…war Liebknecht. Auch Marx darf man hier nennen, der sich nie vordrängte und dessen Unterwerfung unter die Parteidisziplin in der Internationale, wo er gar manches Mal in der Minorität blieb, musterhaft war« (siehe Lenin, 1904/1973a, S.325–326, wo diese Zeilen Kautskys angeführt werden).

Und die »Minderheit«? Hat sich bei ihr in irgendeiner Form »proletarisches Empfinden« bemerkbar gemacht? Ähnelt ihre Haltung der Haltung Liebknechts und Marx‹? Im Gegenteil: wir sahen, dass die Führer der »Minderheit« ihr »Ich« unserer heiligen Sache nicht unterordneten, wir sahen, dass eben diese Führer sich auf dem II. Parteitag »jenem weichlichen Gewinsel, als sie in der Minorität blieben«, hingegeben haben, wir sahen, dass nach dem Parteitag gerade sie um der »ersten Plätze« willen flennten, und eben um dieser Sitze willen eine Parteispaltung anzettelten…

Ist das euer »proletarischer Charakter«, verehrte Menschewiki?

Warum sind dann aber in einigen Städten die Arbeiter auf unserer Seite? fragen uns die Menschewiki.

Ja gewiss, in einigen Städten stehen die Arbeiter auf der Seite der »Minderheit«, aber das beweist nichts. Die Arbeiter folgen in einigen Städten auch den Revisionisten (Opportunisten in Deutschland), aber dies heißt noch nicht, dass ihr Standpunkt ein proletarischer ist, dies heißt noch nicht, dass sie keine Opportunisten sind. Einmal fand auch die Krähe eine Rose, aber dies bedeutet noch nicht, dass die Krähe eine Nachtigall ist. Nicht umsonst heißt es:

Fand die Krähe eine Rose,
Dünkt sie sich schon Nachtigall.

* * *

Jetzt ist es klar, *auf welchem Boden* die Meinungsverschiedenheiten in der Partei entstanden sind. Wie man sieht, sind in unserer Partei zwei Tendenzen zum Vorschein gekommen: die Tendenz der *proletarischen Standhaftigkeit* und die Tendenz der *intelligenzlerischen Wankelmütigkeit.* Zum Ausdruck gebracht wird diese intelligenzlerische Wankelmütigkeit eben durch die jetzige »Minderheit«. Das Tifliser »Komitee« und sein »Sozialdemokrat« sind die gefügigen Sklaven dieser »Minderheit«!

Das ist das Wesen der ganzen Sache.

Allerdings machen unsere Quasimarxisten häufig ein Geschrei davon, sie seien gegen die »intelligenzlerische Denkart«, und versuchen hierbei, die »Mehrheit« der »intelligenzlerischen Wankelmütigkeit« zu zeihen, aber dies erinnert an den Fall mit dem Dieb, der Geld stahl und dann ein Geschrei erhob: »Haltet den Dieb!«

Außerdem weiß man: Wes das Herz voll ist, des geht der Mund über.

Nach dem Wortlaut der vom Kaukasischen Bundeskomitee der SDAPR im Mai 1905 veröffentlichten Broschüre.

Nach der autorisierten russischen Übersetzung aus dem Georgischen.

Stalin (1905/1950).

ANHANG

W.I. LENIN: WOMIT BEGINNEN?[9]

Die Frage »Was tun?« drängt sich in den letzten Jahren den russischen Sozialdemokraten mit besonderer Kraft auf. Es handelt sich dabei nicht um die Wahl des Weges (wie das Ende der achtziger und Anfang der neunziger Jahre der Fall war), sondern darum, welche praktischen Schritte wir auf dem ernannten Wege tun sollen und auf welche Art wir sie tun sollen. Es handelt sich um das System und den Plan der praktischen Tätigkeit. Und man muss zugeben, dass diese für eine praktisch tätige Partei grundlegende Frage nach dem Charakter und den Methoden des Kampfes bei uns immer noch ungelöst ist, immer noch ernste Meinungsverschiedenheiten hervorruft, die einen bedauerlichen Mangel an ideologischer Festigkeit und ideologisches Schwanken offenbaren. Einerseits ist die Richtung des »Ökonomismus«, die die politische Organisations- und Agitationsarbeit beschneiden und einengen will, noch lange nicht tot. Anderseits erhebt nach wie vor die Richtung eines prinzipienlosen Eklektizismus stolz ihr Haupt, die sich jeder neuen »Strömung« anpasst und die es nicht versteht, die Erfordernisse des Tages von den Grundaufgaben und den ständigen Bedürfnissen der Bewegung in ihrer Gesamtheit zu unterscheiden. Bekanntlich hat sich solch eine Richtung in der Zeitschrift »Rabotscheje Delo« eingenistet. Ihre letzte »programmatische« Erklärung – ein hochtrabender Artikel unter dem hochtrabenden Titel »Eine historische Wendung« (Nr.6 des »Listok ›Rabotschewo Dela‹ [Blatt der ›Arbeitersache‹]«) – bestätigt besonders anschaulich die eben gegebene Charakteristik. Gestern noch liebäugelte man mit dem »Ökonomismus«, empörte man sich über die entschiedene Verurteilung der »Rabotschaja Mysl«, »milderte« man die Plechanowsche Formulierung in der Frage des Kampfes gegen die Selbstherrschaft – und heute zitiert man bereits Liebknechts Worte: »Wenn die Umstände sich in 24 Stunden ändern, so muss man auch die Taktik in 24 Stunden ändern«, heute spricht man schon von einer »festen Kampforganisation« für die direkte Attacke, für den Sturmangriff auf die Selbstherrschaft, von einer »umfassenden revolutionären politischen« (ei, wie energisch: sowohl revolutionären als auch politischen!) »Agitation in den Massen«, von »unermüdlichem Aufruf zu Straßenprotesten«, von der »Veranstaltung von Straßenkundgebungen ausgesprochen (sic!) politischen Charakters« usw. usf.

Wir könnten eigentlich unsere Freude darüber zum Ausdruck bringen, dass sich das »Rabotscheje Delo« so rasch das von uns bereits in der ersten Nummer der »Iskra« aufgestellte Programm zu eigen gemacht hat, das die Schaffung einer straff organisierten Partei vorsieht, deren Aufgabe es ist, nicht nur einzelne Zugeständnisse zu erkämpfen, sondern die Zwingburg der Selbstherrschaft selbst zu erobern; aber das Fehlen jedes festen Standpunkts bei diesen Leuten ist dazu angetan, einem die ganze Freude zu verderben.

Auf Liebknecht beruft sich das »Rabotscheje Delo« natürlich zu Unrecht. Man kann in 24 Stunden die Taktik der Agitation in irgendeiner besonderen Frage, die Taktik bei der Durchführung irgendeiner Teilaufgabe der Parteiorganisation ändern; aber in 24 Stunden, ja sei es sogar in 24 Monaten, seine Ansichten darüber ändern, ob überhaupt, stets und unbedingt eine Kampforganisation und politische Agitation in den Massen notwendig sind, das bringen nur Leute ohne jegliche Prinzipien fertig. Es ist lächerlich, sich auf den Unterschied in der Situation, auf den Eintritt einer

neuen Periode zu berufen: an der Schaffung einer Kampforganisation arbeiten und politische Agitation treiben ist unbedingt notwendig in jeder Situation, mag sie auch noch so
»alltäglich, friedlich« sein, in jeder Periode, mag in ihr der
»revolutionäre Geist« auch noch so »gesunken« sein; mehr als
das: gerade in einer solchen Situation und in solchen Perioden ist die genannte Arbeit besonders notwendig, denn in der
Zeit der Explosionen und Ausbrüche ist es schon zu spät, eine
Organisation zu schaffen; sie muss in Bereitschaft stehen, um
sofort ihre Tätigkeit entfalten zu können. »In 24 Stunden die
Taktik ändern«! Ja, um die Taktik ändern zu können, muss
man doch erst einmal eine Taktik haben; ist aber keine feste
Organisation vorhanden, die den politischen Kampf in den
verschiedensten Situationen und Perioden gründlich aus der
Erfahrung kennt, dann kann auch keine Rede sein von jenem
systematischen, durch feste Prinzipien erhellten und unbeirrt
durchzuführenden Tätigkeitsplan, der allein die Bezeichnung
Taktik verdient. Wahrhaftig, man schaue sich das an: Da
heißt es bereits, der »historische Moment« stelle unsere Partei
vor eine »völlig neue« Frage – die des Terrors. Gestern war
die Frage der politischen Organisation und Agitation »völlig
neu«, heute ist es die Frage des Terrors. Ist es nicht seltsam zu
hören, wie Leute, die in solchem Maße ihre Herkunft vergessen, über eine grundlegende Änderung der Taktik räsonieren?

Zum Glück hat das »Rabotscheje Delo« unrecht. Die
Frage des Terrors ist durchaus keine neue Frage, und es ge-
nügt, wenn wir in aller Kürze an die feststehenden Ansichten
der russischen Sozialdemokratie erinnern.

Grundsätzlich haben wir den Terror nie abgelehnt und
können wir ihn nicht ablehnen. Er ist eine Kampfhandlung,
die in einem bestimmten Zeitpunkt der Schlacht, bei einem
bestimmten Zustand der Truppe und unter bestimmten Bedingungen durchaus angebracht und sogar notwendig sein
kann. Doch das Wesen der Sache besteht gerade darin, dass

gegenwärtig der Terror keineswegs als eine mit dem ganzen Kampfsystem eng verbundene und koordinierte Operation der kämpfenden Armee vorgeschlagen wird, sondern als selbständiges und von jeder Armee unabhängiges Mittel des Einzelangriffs. Bei dem Fehlen einer zentralen Organisation und bei der Schwäche der örtlichen revolutionären Organisationen kann ja der Terror auch nichts anderes sein. Und deshalb erklären wir entschieden, dass ein solches Kampfmittel unter den gegebenen Umständen unzeitgemäß und unzweckmäßig ist, dass es die aktivsten Kämpfer von ihrer wirklichen, für die Gesamtbewegung wichtigsten Aufgabe ablenkt und nicht die Kräfte der Regierung, sondern die der Revolution desorganisiert. Man denke an die letzten Ereignisse: Vor unseren Augen drängen breite Massen der städtischen Arbeiter und des »gemeinen Volkes« der Städte zum Kampf, die Revolutionäre aber haben keinen Stab von Leitern und Organisatoren. Besteht unter solchen Bedingungen nicht die Gefahr, dass durch die Abwanderung der tatkräftigsten Revolutionäre zum Terror jene Kampfabteilungen geschwächt werden, auf die einzig und allein ernste Hoffnungen gesetzt werden können? Besteht nicht die Gefahr, dass dadurch die Verbindung der revolutionären Organisationen mit den zersplitterten Massen der Unzufriedenen, Protestierenden und Kampfwilligen zerrissen wird, deren Schwäche gerade in ihrer Zersplitterung besteht? Dabei liegt doch in dieser Verbindung die einzige Gewähr für unseren Erfolg. Wir sind weit entfernt von dem Gedanken, heldenmütigen Einzelaktionen jede Bedeutung abzusprechen, aber es ist unsere Pflicht, mit aller Energie davor zu warnen, sich am Terror zu berauschen, ihn als wichtigstes und hauptsächliches Kampfmittel zu betrachten, wozu heute sehr, sehr viele so stark neigen. Der Terror kann niemals eine alltägliche Kampfhandlung werden: bestenfalls taugt er nur als eine der Methoden des entscheidenden Sturmangriffs. Es fragt sich, ob wir im gegenwärtigen Moment zu solchem

Sturmangriff *aufrufen* können? Das »Rabotscheje Delo« bejaht offensichtlich diese Frage. Zumindest ruft es: »Tretet in Sturmkolonnen an!«. Aber das heißt wieder einmal: Mehr Eifer als Verstand. Die Hauptmasse unserer Streitkräfte besteht aus Freiwilligen und Aufständischen. An regulärer Truppe besitzen wir nur einige wenige kleine Abteilungen, und auch die sind nicht mobilisiert, nicht miteinander verbunden, nicht dazu ausgebildet, militärische Kolonnen, geschweige denn Sturmkolonnen zu bilden. Für jeden, der fähig ist, die Gesamtbedingungen unseres Kampfes zu überblicken, ohne sie bei jeder »Wendung« im historischen Ablauf der Ereignisse zu vergessen, muss es unter solchen Umständen klar sein, dass unsere Parole gegenwärtig nicht lauten kann: »Auf zum Sturm«, sondern lauten muss: »Organisiert die regelrechte Belagerung der feindlichen Festung«. Mit anderen Worten: Die unmittelbare Aufgabe unserer Partei kann nicht sein, alle vorhandenen Kräfte jetzt schon zum Angriff aufzurufen; sie muss vielmehr in der Aufforderung bestehen, eine revolutionäre Organisation zu schaffen, die fähig ist, alle Kräfte zu vereinigen, die sich nicht nur Leitung nennt, sondern die Bewegung tatsächlich leitet, d.h. stets bereit ist, jeden Protest und jeden Ausbruch zu unterstützen und zur Vermehrung und Festigung der für den entscheidenden Kampf tauglichen Streitkräfte auszunutzen.

Die Lehre der Februar- und Märzereignisse[10] ist so eindringlich, dass man jetzt kaum auf prinzipielle Einwände gegen diese Schlussfolgerung stößt. Aber von uns wird gegenwärtig keine prinzipielle, sondern eine praktische Entscheidung der Frage verlangt. Erforderlich ist nicht allein, dass man sich darüber klar wird, was für eine Organisation und für welche Arbeit sie gebraucht wird – erforderlich ist, einen bestimmten *Plan* der Organisation auszuarbeiten, damit von allen Seiten an ihren Aufbau geschritten werden kann. In Anbetracht der unaufschiebbaren Dringlichkeit der Frage haben wir beschlossen, unserseits den Genossen den Entwurf eines Planes zu unterbreiten, den wir in einer Broschüre, die für den Druck vorbereitet wird, ausführlicher entwickeln werden.

Unserer Meinung nach muss der Ausgangspunkt der Tätigkeit, der erste praktische Schritt zur Schaffung der gewünschten Organisation, schließlich der Leitfaden, anhand dessen wir diese Organisation unbeirrt entwickeln, vertiefen und erweitern könnten – die Schaffung einer gesamtrussischen politischen Zeitung sein. Wir brauchen vor allem eine Zeitung – ohne sie ist jene systematische Durchführung einer prinzipienfesten und allseitigen Propaganda und Agitation unmöglich, die die ständige und wichtigste Aufgabe der Sozialdemokratie im Allgemeinen und eine besonders dringliche Aufgabe des gegenwärtigen Moments darstellt, wo das Interesse für Politik, für Fragen des Sozialismus in den breitesten Bevölkerungsschichten wach geworden ist. Niemals machte sich mit solcher Kraft wie heute das Bedürfnis geltend, die vereinzelte, mittels persönlicher Einwirkung, örtlicher Flugblätter, Broschüren usw. betriebene Agitation durch jene verallgemeinerte und regelmäßige Agitation zu ergänzen, die nur mit Hilfe der periodischen Presse möglich ist. Man darf wohl ohne Übertreibung sagen, dass Häufigkeit und Regelmäßigkeit des Erscheinens (und der Verbreitung) einer Zeitung als genauester Gradmesser dafür dienen kann, wie solide bei uns dieser elementarste und dringendste Abschnitt unserer Kampftätigkeit aufgebaut ist. Ferner brauchen wir eben eine gesamtrussische Zeitung. Wenn wir es nicht verstehen, und solange wir es nicht verstehen, unsere Einwirkung auf das Volk und auf die Regierung mit Hilfe des gedruckten Wortes zusammenzufassen, wird der Gedanke an die Zusammenfassung anderer, komplizierterer, schwierigerer, dafür aber auch entschiedenerer Methoden des Einwirkens eine Utopie sein. Unsere Bewegung leidet sowohl in ideologischer als auch in praktischer, organisatorischer Hinsicht vor allem unter ihrer

Zersplitterung, darunter, dass die übergroße Mehrheit der Sozialdemokraten fast völlig in der rein örtlichen Arbeit aufgeht, die sowohl ihren Gesichtskreis als auch den Elan ihrer Tätigkeit, ihre konspirative Gewandtheit sowie ihre Schulung einengt. Eben in dieser Zersplitterung sind die tiefsten Wurzeln jenes Mangels an Festigkeit und jenes Schwankens zu suchen, die wir oben erwähnt haben. Und der erste Schritt auf dem Wege zur Beseitigung dieses Mangels, auf dem Wege zur Verwandlung der einzelnen örtlichen Bewegungen in eine einheitliche gesamtrussische Bewegung, muss die Schaffung einer gesamtrussischen Zeitung sein. Schließlich brauchen wir unbedingt eine *politische* Zeitung. Ohne ein politisches Organ ist im heutigen Europa eine Bewegung, die die Bezeichnung politisch verdient, undenkbar. Ohne ein solches Organ ist unsere Aufgabe – alle Elemente der politischen Unzufriedenheit und des Protestes zu konzentrieren und mit ihnen die revolutionäre Bewegung des Proletariats zu befruchten – absolut undurchführbar. Wir haben den ersten Schritt getan, wir haben in der Arbeiterklasse die Leidenschaft für »ökonomische« Enthüllungen, Enthüllungen über die Zustände in den Fabriken, geweckt. Wir müssen den nächsten Schritt tun: in allen einigermaßen bewussten Volksschichten die Leidenschaft für *politische* Enthüllungen wecken. Man darf sich nicht dadurch beirren lassen, dass die Stimmen der politischen Enthüllung heute so schwach, selten und zaghaft sind. Der Grund hierfür liegt durchaus nicht darin, dass man sich allgemein mit der Polizeiwillkür abgefunden hätte. Der Grund ist der, dass die Leute, die fähig und bereit sind, Missstände zu enthüllen, keine Tribüne haben, von der sie sprechen könnten, dass sie kein Auditorium haben, das den Rednern leidenschaftlich zuhören und sie ermutigen würde, dass sie nirgends im Volke die Kraft sehen, bei der es der Mühe wert wäre, eine Beschwerde gegen die »allmächtige« russische Regierung vorzubringen. Jetzt aber ändert sich all das mit ungeheurer Schnelligkeit. Es gibt eine solche Kraft, das ist das revolutionäre Proletariat, es hat schon seine Bereitschaft bewiesen, nicht nur die Aufforderung zum politischen Kampf anzuhören und zu unterstützen, sondern sich auch mutig in den Kampf zu stürzen. Wir sind jetzt imstande, und wir sind verpflichtet, eine Tribüne zu schaffen für eine vom ganzen Volk ausgehende Entlarvung der zaristischen Regierung – eine solche Tribüne soll die sozialdemokratische Zeitung sein. Zum Unterschied von den anderen Klassen und Schichten der russischen Gesellschaft besteht in der russischen Arbeiterklasse ständiges Interesse für politisches Wissen, besteht ständig (und nicht nur in besonders erregten Zeiten) eine riesige Nachfrage nach illegaler Literatur. Angesichts dieses Massenbedarfs, angesichts des Heranwachsens erfahrener revolutionärer Führer, das bereits begonnen hat, angesichts jener Konzentration der Arbeiterklasse, die sie in den Arbeitervierteln der Großstadt, in der Arbeitersiedlung, im Fabrikort faktisch zum Herrn der Lage macht, ist die Herausgabe einer politischen Zeitung eine Sache, der das Proletariat durchaus gewachsen ist. Durch Vermittlung des Proletariats aber wird die Zeitung in die Reihen des städtischen Kleinbürgertums, der ländlichen Hausindustriellen[11] und der Bauern dringen und zu einer wirklichen politischen Volkszeitung werden.

Die Rolle der Zeitung beschränkt sich jedoch nicht allein auf die Verbreitung von Ideen, nicht allein auf die politische Erziehung und die Gewinnung politischer Bundesgenossen. Die Zeitung ist nicht nur ein kollektiver Propagandist und kollektiver Agitator, sondern auch ein kollektiver Organisator. Was das letztere betrifft, kann sie mit einem Gerüst verglichen werden, das um ein im Bau befindliches Gebäude errichtet wird; es zeigt die Umrisse des Gebäudes an, erleichtert den Verkehr zwischen den einzelnen Bauarbeitern, hilft ihnen, die Arbeit zu verteilen und die durch die organisierte Arbeit erzielten gemeinsamen Resultate zu überblicken. Mit

Hilfe der Zeitung und in Verbindung mit ihr wird sich ganz von selbst eine beständige Organisation herausbilden, die sich nicht nur mit örtlicher, sondern auch mit regelmäßiger allgemeiner Arbeit befasst, die ihre Mitglieder daran gewöhnt, die politischen Ereignisse aufmerksam zu verfolgen, deren Bedeutung und Einfluss auf die verschiedenen Bevölkerungsschichten richtig zu bewerten und zweckmäßige Methoden herauszuarbeiten, durch die die revolutionäre Partei auf diese Ereignisse einwirken kann. Schon allein die technische Aufgabe – die regelmäßige Versorgung der Zeitung mit Material und ihre regelmäßige Verbreitung – zwingt dazu, ein Netz von örtlichen Vertrauensleuten der einheitlichen Partei zu schaffen, von Vertrauensleuten, die lebhafte Beziehungen zueinander unterhalten, die mit der allgemeinen Lage der Dinge vertraut sind, die sich daran gewöhnen, die Teilfunktionen der gesamtrussischen Arbeit regelmäßig auszuführen, die ihre Kräfte an der Organisierung dieser oder jener revolutionären Aktion erproben. Dieses Netz von Vertrauensleuten[1] wird das Gerippe gerade einer solchen Organisation bilden, wie wir sie brauchen: genügend groß, um das ganze Land zu erfassen; genügend breit und vielseitig, um eine strenge und detaillierte Arbeitsteilung durchzuführen; genügend standhaft, um unter allen Umständen, bei allen »Wendungen« und Überraschungen ihre *eigene* Arbeit unbeirrt zu leisten;

---

1 Selbstverständlich könnten solche Vertrauensleute nur unter der Bedingung engster Fühlung mit den örtlichen Komitees (Gruppen, Zirkeln) unserer Partei erfolgreich arbeiten. Überhaupt kann ja der ganze von uns entworfene Plan natürlich nur bei aktivster Unterstützung durch die Komitees verwirklicht werden, die schon mehrfach Schritte zum Zusammenschluss der Partei getan haben und die – davon sind wir überzeugt – diesen Zusammenschluss, wenn nicht heute, dann morgen, wenn nicht in dieser, dann in einer anderen Form, durchsetzen werden.

genügend elastisch, um zu verstehen, einerseits einer offenen
Feldschlacht gegen einen an Kraft überlegenen Feind auszu-
weichen, wenn er alle seine Kräfte an einem Punkt gesammelt
hat, und anderseits die Schwerfälligkeit dieses Feindes auszunutzen und ihn dann und dort anzugreifen, wo der Angriff
am wenigsten erwartet wird. Heute fällt uns die verhältnis-
mäßig leichte Aufgabe zu, die Studenten zu unterstützen,
die in den Straßen der Großstädte demonstrieren. Morgen
wird sich vielleicht eine schwierigere Aufgabe ergeben, z.B.
die Arbeitslosenbewegung in einem bestimmten Bezirk zu
unterstützen. Übermorgen müssen wir auf dem Posten sein,
um an einem Aufruhr der Bauern revolutionären Anteil zu
nehmen. Heute müssen wir die Verschärfung der politischen
Lage ausnutzen, die die Regierung durch ihren Feldzug gegen
die Semstwos[12] herbeigeführt hat. Morgen müssen wir die
Empörung der Bevölkerung gegen diesen oder jenen allzu
frech gewordenen zaristischen Schergen unterstützen und
durch Boykott, durch ein regelrechtes Kesseltreiben, durch
Kundgebungen usw. helfen, ihm eine solche Lektion zu ver-
abfolgen, dass er zu einem offenen Rückzug gezwungen wird.
Ein solcher Grad von Kampfbereitschaft lässt sich nur durch
die unablässige Tätigkeit einer regulären Truppe erzielen.
Und wenn wir unsere Kräfte für die Herausgabe einer allgemeinen Zeitung vereinigen, so wird diese Arbeit nicht nur
die tüchtigsten Propagandisten heranbilden und hervortreten
lassen, sondern auch die geschicktesten Organisatoren, die
talentiertesten politischen Führer der Partei, die fähig sind,
im notwendigen Zeitpunkt die Parole zum entscheidenden
Kampf auszugeben und den Kampf zu leiten.

Zum Schluss noch ein paar Worte, um einem eventuel-
len Missverständnis vorzubeugen. Wir haben die ganze Zeit
nur von der systematischen, planmäßigen Vorbereitung gesprochen, doch wollten wir damit keineswegs sagen, dass die
Selbstherrschaft ausschließlich durch eine regelrechte Belage-

rung oder einen organisierten Sturmangriff gestürzt werden kann. Eine solche Ansicht wäre unsinniger Doktrinarismus. Im Gegenteil, es ist durchaus möglich und historisch weitaus wahrscheinlicher, dass die Selbstherrschaft unter dem Druck eines der elementaren Ausbrüche oder einer der unvorhergesehenen politischen Komplikationen fallen wird, die ständig von allen Seiten drohen. Aber keine politische Partei darf, ohne in Abenteurertum zu verfallen, ihre Tätigkeit auf solche Ausbrüche und Komplikationen aufbauen. Wir müssen unseren Weg gehen, unsere systematische Arbeit unbeirrt tun, und je weniger wir mit Überraschungen rechnen, umso größer ist die Wahrscheinlichkeit, dass uns keinerlei »historische Wendungen« überrumpeln werden.

Lenin (1901/1955).

Karl Kautsky:
DIE REVISION DES PROGRAMMS DER SOZIALDEMOKRATIE IN ÖSTERREICHS

Unsere österreichischen Genossen haben auf dem Brünner Parteitag 1899 den Beschluss gefasst, ihr Programm, das 1888 in Hainfeld angenommen wurde einer Revision zu unterziehen. Mit dieser Aufgabe wurde eine Kommission betraut, bestehend aus den Genossen Adler, Daszynski, Ellenbogen, Schuhmeier und Steiner, die das Ergebnis ihrer Arbeiten Ende August veröffentlicht und der Kritik der Parteigenossen unterbreitet hat.

Wie uns Viktor Adler in der Wiener »Arbeiterzeitung« vom 22. September mitteilt, entsprang der Wunsch der österreichischen Genossen, das Parteiprogramm zu revidieren, »weit weniger aus einem prinzipiellen oder praktischen, als aus einem formalen, fast könnte man sagen ästhetischen Bedürfnis«. Das Hainfelder Programm besteht nämlich aus einer »Prinzipienerklärung« und zwei »Resolutionen«, von denen die eine die politischen Rechte, die andere die Arbeiterschutzgesetzgebung behandelt, und zwar in einer Weise, die in manchen Punkten den heutigen Anschauungen nicht mehr entspricht. Nicht die Grundsätze sind anders geworden, wohl aber hat sich das Kraftgefühl des kämpfenden Proletariats gehoben und seine Zuversicht in Bezug auf das, was es dem heutigen Staate abtrotzen kann, ist gewachsen. Anderseits sind zu diesen beiden Resolutionen andere hinzugekommen. In Brünn (1899) hat unsere Bruderpartei ein Nationalitätenprogramm beschlossen, in Graz wurde vom Kongress der deutschen Parteiorganisation eine Art Agrarprogramm angenommen, ein Kommunalprogramm wird angestrebt: angesichts aller dieser Änderungen ist der Wunsch begreiflich, die Programm*forderungen* in manchen Punkten anders zu fassen und einheitlich zu kodifizieren.

Über diese Seite der Programmänderung wollen wir hier nicht sprechen. Aber die Kommission hat es auch für nötig befunden, die *Prinzipienerklärung* umzugestalten, obwohl unsere Prinzipien in keiner Weise eine Änderung erfahren haben, bloß um Missdeutungen in dem einen oder dem anderen Punkte vorzubeugen, oder aus ästhetischem Interesse, um einzelne Schönheitsfehler zu beseitigen.

Es fragt sich, ob das genügende Gründe sind, eine Prinzipienerklärung, wie sie am Eingang jedes sozialistischen Programms steht, einer Änderung zu unterziehen. Nicht die einzelnen Forderungen, sondern diese Prinzipienerklärungen sind es, was unsere Programme von allen Bürgerlichen unterscheidet. Sie enthalten das »Endziel« und die Gründe, aus denen wir es anstreben. Dieses hat aber nicht bloß dekorative, sondern sehr wichtige praktische Funktionen auszuüben, es hat nicht, wie manche neuere Sozialisten glauben, für uns eine Bedeutung, die jener des Heiligenbildes in der Stube für den Bauern entspricht, der davor gewohnheitsmäßig sein Kreuz schlägt und sein Lämpchen anzündet, ohne bei seinem praktischen Verhalten jemals daran zu denken; es hat vielmehr die große praktische Aufgabe, die *Einheitlichkeit* der proletarischen Bewegung zu erhalten.

Und zwar nach zwei Richtungen hin. Je mehr die proletarische Bewegung erwächst, desto mehr entwickelt sich in ihr die Arbeitsteilung, die einzelnen Funktionen fallen einzelnen Personen zu, die sich ausschließlich damit beschäftigen und denen das Mittel zum Zwecke nur zu leicht zum Selbstzweck wird. Je mehr die einzelnen Arten der proletarischen Bewegung sich verselbständigen, desto eher kommt es zwischen ihnen zu Friktionen, zu Widersprüchen, die die Kraft der Gesamtbewegung oft sehr beeinträchtigen können, die sich aber umso leichter überwinden lassen, je mehr bei allen Beteiligten der Gedanke an das Endziel lebendig ist, dem jedes Mittel praktischer Gegenwarts- und Kleinarbeit zu dienen hat, und je einheitlicher die Auffassung vom Endziel.

Aber dieses hat Einheitlichkeit zu bringen nicht nur in das Nebeneinander, sondern auch in das Nacheinander der proletarischen Bewegungen. Alle Schwankungen im gesellschaftlichen und staatlichen Leben wirken auf diese Bewegungen zurück, die von den Konstellationen, den Moden und den Stimmungen des Tages umso abhängiger werden, je weniger sie ein theoretisch festbegründetes Endziel haben. Gerade jene, die am stolzesten ihre Unabhängigkeit von allen »Dogmen« und »Schulmeinungen« zur Schau tragen, sind jene, die am haltlosesten vom Strome der Zeit sich umhertreiben lassen, heute himmelhochjauchzend, morgen zu Tode betrübt, heute vom Standpunkt der Propaganda der Tat die Marxisten als Kleinbürger und Revolutionäre in Schlafrock und Pantoffeln verspottend, und morgen dieselben Leute als Blanquisten denunzierend, weil sie nicht in Konsumkrämerei aufgehen wollen.

Einem derartigen Zickzackkurs schiebt ein festgefügtes Programm mit klarem Endziel einen starken Riegel vor. Die Mode- und Stimmungspolitiker empfinden, es gelegentlich als eine Fessel, zetern über Dogmenfanatismus, setzen die Programmsätze Glaubensartikeln der katholischen Kirche gleich, aber hinterdrein wird es wohltätig empfunden, wenn die Mode vorbei und die Partei, unbeirrt davon, ihren geraden Weg zum Ziele weiter gegangen ist.

Sieht man aber in der Erhaltung der Einheitlichkeit der Bewegung eine der Aufgaben des Endziels und der Prinzipienerklärungen unserer Programme, dann folgt daraus schon, dass es ihrem Zwecke widerspricht, ohne zwingende Gründe, bloß um einiger Schönheitsfehler willen, an einer Prinzipienerklärung herumzuflicken.

Meines Erachtens kann es nur zwei Gründe geben, die eine sozialdemokratische Partei veranlassen können, den prinzipiellen Teil ihres Programms zu ändern, wenn er wohl erwogen und präzis gefasst ist. Einmal eine *fundamentale* Änderung in ihrem *Organismus*, die auch einen äußerlichen Ausdruck finden muss. Das ist namentlich dort der Fall, wo zwei streitende Fraktionen sich vereinigen. Da geht es ohne neues Programm nicht ab, auch wenn dieses sich von den früheren grundsätzlich nicht unterscheidet. Nur ein neues Programm kann bekunden, das; wir es mit einer neuen Organisation zu tun haben, dass nicht die eine in der anderen Organisation aufgegangen ist, dass es weder Sieger noch Besiegte gibt. Einem solchen Anlass verdankten das Gothaer wie das Hainfelder Programm ihre Entstehung.

Ein Programm muss aber auch dann geändert werden, wenn eine fundamentale Änderung im theoretischen Denken der Partei eingetreten ist. Dadurch wurde das Erfurter Programm herbeigeführt. Wohl war die marxsche Theorie, der es Ausdruck gibt, in den siebziger Jahren schon völlig entwickelt, aber sie hatte sich noch lange nicht in den Köpfen der deutschen Sozialdemokraten eingebürgert. Es bedurfte einer langen und mühsamen Arbeit, ehe die einheitliche marxistische Auffassung den alten Vulgärsozialismus verdrängte. Sobald das eingetreten, war auch das alte Programm unhaltbar geworden.

Niemand wird behaupten wollen, dass eine dieser beiden Ursachen einer Programmänderung vorliegt. Auch diejenigen, die der Revisionsbewegung Bernsteins am hoffnungsvollsten gegenüberstehen, behaupten nicht, er habe unserer Partei eine neue theoretische Grundlage gegeben, sondern nur, er habe dazu eine notwendige *Vorarbeit* geliefert. Also selbst vom Bernsteinschen Standpunkt wäre eine Neuschöpfung des Programms verfrüht.

Adler selbst aber erklärt, die neue Fassung des Programms sei keine Konzession an den Bernsteinschen Standpunkt, sondern, soweit sie diesen berücksichtigt, entspringt sie nur dem Streben, Missverständnisse auszuschließen, denen einige Sätze des alten Programms in Folge des Bernsteinschen Kritizismus ausgesetzt seien.

Dies Motiv wäre sicher ein schwerwiegendes und wohl zu beachtendes für die Formulierung einzelner Sätze der Prinzipienerklärung, wenn man einmal entschlossen war, sie zu ändern, aber es bildet keinen ausreichenden Grund zu dieser Änderung selbst.

Missverständnissen werden unsere Programme immer ausgesetzt sein, schon wegen ihrer notwendigen Kürze. Selbst eine in einem dickleibigen Buche entwickelte Theorie kann nie das Leben erschöpfen, sie wird stets nur wesentliche Punkte hervorheben, vom Unwesentlichen und Zufälligen absehen müssen. Das Leben ist also stets mannigfaltiger als die Theorie, geschweige denn als die in einer Prinzipienerklärung niedergelegte Quintessenz einer Theorie. Leute, die unsere Theorie nicht völlig begriffen haben oder die das Unwesentliche nicht vom Wesentlichen unterscheiden können, werden stets imstande sein, unsere Prinzipienerklärungen misszuverstehen, wie immer wir sie fassen mögen. Wollten wir jedes auftauchende Missverständnis durch eine Änderung des Programms beantworten, wir könnten es jedes Jahr einer Revision unterziehen.

Aber auch Schönheitsfehler wird man jedes Jahr entdecken können. Es ist nicht möglich, einem Satze eine Fassung zu geben, die Jedem völlig einwandfrei erscheint, sehr oft findet der Verfasser selbst bald eine präzisere und glücklichere Fassung. Sollen das genügende Gründe zur Revision sein, dann kommen wir aus den Programmrevisionen nicht heraus, und je mehr wir es verschönern wollen, desto mehr gefährden wir seine Hauptschönheit, seine innere Einheitlichkeit und Harmonie.

Gerade ein so wohldurchdachtes geschlossenes Kunstwerk, wie das Hainfelder Programm, kann in dieser Beziehung am ehesten durch eine Revision Schaden leiden. Ich darf, nebenbei gesagt, dieses Programm auf eine so hohe Stufe heben, ohne mich eines Selbstlobs schuldig zu machen, denn es ist nicht richtig, was Hertz in den »Sozialistischen Monatsheften« sagt, dass das Hainfelder Programm von Adler und mir abgefasst worden. Adler hat es allein entworfen und bloß bei der Schlussredaktion meinen Rat eingeholt. Ich hatte dabei nichts zu tun, abgesehen von einigen kleinen Bemerkungen, als mich darüber zu freuen.

Zwingende Gründe, die Prinzipienerklärung zu ändern, lagen also nicht vor. Diese Änderung war auf jeden Fall ein schwieriges und undankbares Geschäft. Sehen wir zu, was dabei herausgekommen ist.

Zunächst veröffentlichen wir, um eine Vergleichung zu ermöglichen, das alte Programm und den Entwurf des neuen nebeneinander.

Das Hainfelder Programm

Die sozialdemokratische Arbeiterpartei in Österreich erstrebt für das gesamte Volk ohne Unterschied der Nation, der Rasse und des Geschlechtes die Befreiung aus den Fesseln der ökonomischen Abhängigkeit, die Beseitigung der politischen Rechtlosigkeit und die Erhebung aus der geistigen Verkümmerung. Die Ursache dieses unwürdigen Zustandes ist nicht in einzelnen politischen Einrichtungen zu suchen, sondern in der das Wesen des ganzen Gesellschaftszustandes bedingenden und beherrschenden Tatsache, dass die Arbeitsmittel in den Händen einzelner Besitzer monopolisiert sind. Der Besitzer der Arbeitskraft, die Arbeiterklasse, wird dadurch zum Sklaven der Besitzer der Arbeitsmittel, der Kapitalistenklasse, deren politische und ökonomische Herrschaft im heutigen Staate Ausdruck findet. Der Einzelbesitz an Produktionsmitteln, wie er also politisch den Klassenstaat bedeutet, bedeutet ökonomisch steigende Massenarmut und wachsende Verelendung immer breiterer Volksschichten.

Der Neue Entwurf

Die österreichische Sozialdemokratie erstrebt für das gesamte Volk ohne Unterschied der Nation, der Raffe und des Geschlechtes die Befreiung aus den Fesseln der ökonomischen Abhängigkeit, der politischen Rechtlosigkeit und der geistigen Verkümmerung. Die Ursache der heutigen Zustände liegt nicht in den einzelnen politischen Einrichtungen, sondern in der das Wesen des ganzen Gesellschaftszustandes bedingenden und beherrschenden Tatsache, dass die Arbeitsmittel in den Händen einzelner Besitzer monopolisiert sind. Der Besitzer der Arbeitskraft, die Arbeiterklasse, wird dadurch in steigendem Maße abhängig von den Besitzern der Arbeitsmittel mit Einschluss des Bodens, der Großgrundbesitzerklasse und der Kapitalistenklasse, deren politische und ökonomische Herrschaft im heutigen Klassenstaat ihren Ausdruck findet.

Der technische Fortschritt, die wachsende Konzentration der Produktion und des Besitzes, die Vereinigung aller ökonomischen Macht in den

Durch die technische Entwicklung, das kolossale Anwachsen der Produktivkräfte erweist sich diese Form des Besitzes nicht nur als überflüssig, sondern es wird auch tatsächlich diese Form für die überwiegende Mehrheit des Volkes beseitigt, während gleichzeitig für die Form des gemeinsamen Besitzes die notwendigen geistigen und materiellen Vorbedingungen geschaffen werden. Der Übergang der Arbeitsmittel in den gemeinschaftlichen Besitz der Gesamtheit des Volkes bedeutet also nicht nur die Befreiung der Arbeiterklasse, sondern auch die Erfüllung einer geschichtlich notwendigen Entwicklung. Der Träger dieser Entwicklung kann nur das klassenbewusste und als politische Partei organisierte Proletariat sein. Das Proletariat politisch zu organisieren, es mit dem Bewusstsein seiner Lage und seiner Aufgabe zu erfüllen, es geistig und physisch kampffähig zu machen und zu erhalten, ist daher das eigentliche Programm der sozialdemokratischen Arbeiterpartei in Österreich, zu dessen Durchführung sie sich aller zweckdienlichen und dem natürlichen Rechtsbewusstsein des Volkes ent-

Händen der Kapitalisten und Kapitalistengruppen hat die Wirkung, immer größere Kreise früher selbständiger kleiner Unternehmer ihrer Produktionsmittel zu enteignen und sie als Lohnarbeiter oder Angestellte direkt oder indirekt in die Abhängigkeit der Kapitalisten zu bringen, die Kleinbauern aber in Schuldknechte zu wandeln. Die Lebenshaltung immer breiterer Schichten des arbeitenden Volkes tritt immer mehr in Gegensatz zu der rasch steigenden Produktivkraft ihrer eigenen Arbeit und zu dem Anschwellen des von ihnen selbst geschaffenen Reichtums. Die der Planlosigkeit der kapitalistischen Produktionsweise entspringenden Krisen mit ihrem Gefolge von Arbeitslosigkeit und Elend beschleunigen und verschärfen diese Entwicklung.

Je mehr aber die Entwicklung des Kapitalismus das Proletariat anschwellen macht, desto mehr wird es gezwungen und befähigt, den Kampf gegen ihn aufzunehmen. Es kommt zum Bewusstsein, dass die Verdrängung der Einzelproduktion auch den Einzelbesitz immer mehr überflüssig und schädlich macht, dass zugleich für neue Formen ge-

sprechenden Mittel bedienen wird. Übrigens wird und muss sich die Partei in ihrer Taktik auch jeweilig nach den Verhältnissen, insbesondere nach dem Verhalten der Gegner zu richten haben.

nossenschaftlicher Produktion und gemeinsamen Besitzes die notwendigen geistigen und materiellen Vorbedingungen geschaffen werden müssen und dass der Übergang der Arbeitsmittel in den gemeinschaftlichen Besitz der Gesamtheit des Volkes das Ziel des Kampfes für die Befreiung der Arbeiterklasse sein muss. Der Träger dieser notwendigen Entwicklung kann nur das zum Klassenbewusstsein erwachte und zum Klassenkampf organisierte Proletariat selbst sein. Das Proletariat politisch zu organisieren, es mit dem Bewusstsein seiner Lage und seiner Aufgabe zu erfüllen, es geistig und physisch kampffähig zu machen und zu erhalten, ist daher das eigentliche Programm der österreichischen Sozialdemokratie, zu dessen Durchsetzung sie sich aller zweckdienlichen und dem natürlichen Rechtsbewusstsein des Volkes entsprechenden Mittel bedienen wird.

Die österreichische Sozialdemokratie wird in allen politischen und ökonomischen Fragen jederzeit das Klasseninteresse des Proletariats vertreten und aller Verdunkelung und Verhüllung der Klassengegensätze sowie der Ausnutzung der Arbeiter zu Gunsten von herrschenden Parteien energisch entgegenwirken.

Die österreichische Sozialdemokratie ist eine internationale Partei: Sie verurteilt die Vorrechte der Nationen ebenso wie die der Geburt und des Geschlechtes, des Besitzes und der Abstammung und erklärt, dass der Kampf gegen die Ausbeutung international sein muss wie die Ausbeutung selbst. Sie verurteilt und bekämpft alle Einschränkungen der Freiheit der Meinungsäußerung sowie die geistige Bevormundung durch Staat und Kirche in jeder Form. Sie erstrebt gesetzlichen Schutz der Lebenshaltung der arbeitenden Klassen, und sie kämpft für die Erringung des dem Proletariat gebührenden Einflusses auf allen Gebieten des öffentlichen Lebens.

Bei der Vergleichung fällt sofort auf, dass der Name der Partei geändert werden soll. An Stelle von »*sozialdemokratische Arbeiterpartei*« soll »*Sozialdemokratie*« treten. Das ist offenbar nur der Kürze des Ausdrucks wegen geschehen. Niemand kann behaupten, dass der proletarische Charakter der Sozialdemokratie in Österreich jetzt weniger ausgesprochen zu Tage trete als früher.

Es ist offenbar auch nur, um eine Schwerfälligkeit zu beseitigen, geschehen, dass man jetzt von einer *österreichischen* Sozialdemokratie spricht und nicht mehr von einer Sozialdemokratie in *Österreich*. Aber gerade diese letztere Bezeichnung ist sehr charakteristisch. Sie bezeugt, dass für die Sozialdemokratie Österreichs dieses Land ein geografischer Begriff ist, der Rahmen, in dem sie verurteilt ist, zu wirken, dass sie sich aber nicht, wie etwa die deutsche, französische, englische, als die Sozialdemokratie eines besonderen *Volkes* fühlt. Es gibt einen österreichischen *Staat* – genau genommen nicht einmal den, sondern nur eine österreichisch-ungarische Monarchie – aber kein österreichisches *Volk*, sondern nur Völker in Österreich, und so gibt es auch in Österreich keine österreichische, sondern eine deutsche, tschechische, polnische etc. Sozialdemokratie, die zusammen die Sozialdemokratie Österreichs bilden. Diese eigenartige Situation wird viel eher dadurch gekennzeichnet, wenn die Prinzipienerklärung von der Sozialdemokratie in Österreich, als wenn sie von der österreichischen Sozialdemokratie spricht.

Die nächste Änderung ist folgende: Im alten Programm heißt es nach Aufzählung der Fesseln, aus denen das Volk zu befreien ist: »Die Ursache dieses *unwürdigen Zustandes* ist nicht in einzelnen politischen Einrichtungen zu suchen«, sondern in dem Privateigentum an den Produktionsmitteln. Der neue Entwurf spricht dagegen von der »Ursache der *heutigen* Zustände«. Das ist entschieden eine Abschwächung. *Heutige* Zustände, wie farblos! Wir bekämpfen die Zustände, weil sie unwürdig, nicht weil sie heutig sind.

Der Ausdruck »heutige Zustände« ist aber nicht bloß schwächlich, er ist auch falsch. Bloß *jene* der heutigen Zustände, die im alten Programm als unwürdige gekennzeichnet werden, die Unterdrückung, Ausbeutung und Verkümmerung der Arbeiter, haben ihre letzte Ursache im Privateigentum an den Produktionsmitteln. Nicht aber *alle* heutigen Zustände. Wenn Wagnersche Opern heute lieber gehört werden als Meyerbeersche, wenn jedes Jahr mehr Bergsteiger abstürzen, wenn es Leute gibt, die an keinen Gott glauben und den Menschen vom Affen abstammen lassen, so sind das »heutige Zustände«, die man nicht wird auf das Privateigentum an den Produktionsmitteln zurückführen wollen.

Die Ersetzung von »diese unwürdigen Zustände« durch die »heutigen Zustände« ist also völlig verfehlt, dabei so zwecklos, dass wir sie nicht einer bestimmten Absicht, sondern nur einer Flüchtigkeit zuschreiben können.

Gehen wir zur nächsten Neuerung.

Im alten Programm finden wir den Satz: »Der Besitzer der Arbeitskraft, die Arbeiterklasse, wird dadurch zum *Sklaven* der Besitzer der Arbeitsmittel, der Kapitalistenklasse«. Im neuen Entwurf heißt es: »Der Besitzer der Arbeitskraft, die Arbeiterklasse, wird *dadurch in steigendem Maße abhängig* von den Besitzern der Arbeitsmittel mit Einschluss des Bodens, der Großgrundbesitzerklasse und der Kapitalistenklasse«.

Warum diese Änderung? Leider wurde dem neuen Entwurf kein Motivenbericht beigegeben, man ist also gezwungen, die Ursachen der einzelnen Änderungen zu erraten. Erschien der Programmkommission der Ausdruck »*Sklaven*« zu stark? Juristisch ist der Lohnarbeiter natürlich kein Sklave, ob man ihn als solchen bezeichnet, hängt ganz von subjektiven Auffassungen ab. Je leidenschaftlicher man empfindet, je größer das Maß von Freiheit, das man fordert, desto eher wird man mit der Bezeichnung des Arbeiters als eines Lohnsklaven bei der Hand sein. Das Wort ist entschieden kraftvoller, drückt das Herrschafts- und Ausbeutungsverhältnis viel plastischer aus als das farblose Wort »abhängig«.

Wirkt die neue Fassung in einer Beziehung abschwächend, so in einer anderen verstärkend. Das alte Programm erklärt aus dem Privateigentum an den Produktionsmitteln die *Tatsache* der Lohnsklaverei, ohne ihre *Tendenzen* zu erörtern. Der Entwurf spricht von *steigender* Abhängigkeit der Arbeiter. Diese Steuerung ist umso befremdender, als die Programmkommission vor allem sich die Aufgabe gesetzt hatte, den Missverständnissen vorzubeugen, welche die revisionistischen Diskussionen über die sogenannte Verelendungstheorie verbreitet hatten. Diese Missverständnisse suchte man, wie wir noch sehen werden, durch einen ganzen neuen Absatz und Streichung eines alten auszuschließen. Hier wird ihnen wieder ein Hintertürchen geöffnet.

Der Satz von der steigenden Abhängigkeit ist richtig oder falsch, je nach der Art, wie man ihn auffasst. Er ist richtig als notwendige *Tendenz* des kapitalistischen Systems. Dieses muss ununterbrochen darnach streben, die Arbeiter immer mehr zu knechten. Dahin wirkt schon die Konzentration der Betriebe, die Zentralisierung ihres Besitzes und vor allem ihrer Verwaltung in wenigen Händen; dahin wirkt die Ersetzung der gelernten durch ungelernte Arbeiter, der Männer durch Frauen, der menschlichen Arbeitskräfte durch Maschinen, der kulturell fortgeschrittenen durch Arbeitskräfte kulturell rückständiger Nationen und Gegenden. Aber jeder, der seinen Marx gelesen und begriffen hat, weiß auch, dass dies nur die eine, allerdings notwendige Seite des dialektischen Prozesses ist, der die soziale Entwicklung bewirkt. Es wächst der Druck, mit ihm wächst aber auch die Empörung der anschwellenden und durch den Mechanismus der kapitalistischen Produktionsweise selbst geschulten und organisierten Proletariermassen. Das Kapital setzt an Stelle des Mannes die unterwürfige Frau – aber nun beginnt auch die Frau, in den Emanzipationskampf des Proletariats einzutreten. Es setzt an Stelle von Deutschen Slaven und Italiener, aber bald fangen auch diese an, zu streiken und sich zu organisieren usw.

Das *Ergebnis* des Kampfes ist ein schwankendes; fasst man den Satz von der steigenden Abhängigkeit der Arbeiter also nicht als Kennzeichnung einer *Tendenz*, sondern als Konstatierung eines *Ergebnisses* der sozialen Kämpfe auf, dann ist er falsch. Hier steigt die Abhängigkeit der Arbeiter, dort wird sie vermindert, hier machen wir einen Schritt zur »konstitutionellen Fabrik« und dort entwickelt, sich ein neuer Fabrikfeudalismus. Was aber auf alle Fälle wächst, ist der Gegensatz zwischen Kapital und Arbeit, der Widerspruch zwischen der kapitalistischen Tendenz nach Vermehrung der Abhängigkeit und dem wachsenden proletarischen Bedürfnis nach Unabhängigkeit, ein Widerspruch, der den Klassenkampf und das Streben nach Niederwerfung der Kapitalistenklasse notwendig macht, solange es eine kapitalistische Gesellschaft gibt, ein Widerspruch, der nur enden kann durch deren Überwindung.

Von der steigenden Abhängigkeit gilt dasselbe, was vom steigenden Elend; beide sind in demselben Sinne richtig, in demselben Sinne falsch. Die Kennzeichnung der einen wie der anderen Tendenz gehört in ein sozialistisches Programm, weil die eine wie die andere einen notwendigen Faktor der gesellschaftlichen Entwicklung in der kapitalistischen Produktionsweise bildet. Fürchtet man aber, der Hinweis auf das steigende Elend, das dem Kapitalismus entspringt, könne Missverständnisse hervorrufen, dann muss man auch nicht von steigender Abhängigkeit reden.

In der neuen Fassung des Programms ist der Satz eine Inkonsequenz. Seine Aufnahme steht im Widerspruch zu der nächsten Änderung, die wir nun zu besprechen haben. Der Satz, dass das Privateigentum an den Produktionsmitteln

»steigende Massenarmut und wachsende Verelendung immer breiterer Volksschichten« bedeutet, ist nämlich gestrichen worden und an seine Stelle ein ganz neuer Absatz getreten, der zweite, der die kapitalistischen Tendenzen weit ausführlicher zeichnet.

Der erste Teil dieses Absatzes schildert die Expropriation[2] der kleinen Unternehmer durch die Konzentration des Kapitals, denen die Kleinbauern gegenübergestellt werden, welche die kapitalistische Entwicklung in »Schuldknechte wandelt«. Mit diesem Satze soll wohl der neueren Erkenntnis Rechnung getragen werden, dass in den letzten Jahrzehnten die Verdrängung des landwirtschaftlichen Kleinbetriebs durch den Großbetrieb sich nicht in der Weise fortsetzte, wie früher. Man glaubt nun, in der Schuldknechtschaft an Stelle der Expropriation den Punkt gefunden zu haben, bei dem ihre Vergewaltigung durch das Kapital am deutlichsten zu Tage tritt. Dabei hat man sich aber neuen Missverständnissen ausgesetzt. Man erweckt den Eindruck, als seien es unter den Landwirten bloß die Kleinbauern, die verschulden. Das ist keineswegs der Fall. Die Hypothekarverschuldung muss in der kapitalistischen Produktionsweise notwendigerweise überall bei privatem Grundbesitz eintreten, wo nicht das Pachtsystem herrscht. Die kapitalistische Entwicklung drängt dahin, die Grundrente zu verselbständigen, dem Landwirt den bloßen Grundbesitzer als besondere Person gegenüberzustellen. Das geschieht am deutlichsten in der Form des Verhältnisses von Grundherr und Pächter, es geschieht versteckt in der Form des Verhältnisses von Hypothekengläubiger und Schuldner. Wie der Pächter kann aber auch der Schuldner dabei ein großer kapitalistischer Unternehmer sein. Die Verschuldung *kann* ein Produkt von Not sein und weitere Not erzeugen, aber *notwendig* ist dies nicht.

---

2   [Bei Kautsky »Expropriierung«].

Ist die Verschuldung in der Landwirtschaft keine dem Kleinbetrieb eigentümliche Erscheinung, so ist sie auch nicht, die einzige Form, in der sich sein Notstand äußert. Man leugnet die Expropriation des Kleinbauern, und doch geht sie in den greifbarsten Formen vor unseren Augen vor sich, nur in anderer Weise, als in der Industrie. Es ist selten mehr die Konkurrenz des Großbetriebs, die den Kleinbauern expropriiert, sondern das ganze ökonomische und *staatliche* Leben des Kapitalismus. Die Steuern und der Heeresdienst wirken dabei ebenso mit, wie die Schuldenzinsen. Die Expropriation der Kleinbauern äußert sich augenblicklich nicht in dem Wachsen des Großbetriebs, sondern vielmehr in der *Landflucht* der Einen, in der *Industrialisierung* der Anderen. Die Landwirtschaft derjenigen, die auf dem Lande bleiben, hört vielfach immer mehr auf, das Rückgrat ihres Erwerbes zu bilden, sie wird ein Anhängsel des Haushaltes, neben den die Erwerbsarbeit für *Arbeitslohn* (Arbeit in Wäldern, bei Eisenbahnen, Steinbrüchen, Industrien etc.) oder durch *Hausindustrie* tritt. Auf der anderen Seite wird die Landwirtschaft immer mehr Anhängsel eines *industriellen Betriebs*, einer Zuckerfabrik, Brennerei, etc.

Wollte man diesen höchst komplizierten Prozess nicht schildern oder fand man, dass er noch nicht genügend klargelegt sei, dann tat man vielleicht am besten, vom Bauern ganz zu schweigen. Die Reduzierung der Bedrängnis des Bauern auf die bloße Verschuldung wirkt irreführend, und das sollte am allerwenigsten einem Programm passieren, das an Stelle des bestehenden deswegen gesetzt werden soll, weil dieses Missverständnisse zulässt.

Aber noch bedenklichere Missverständnisse lässt derjenige Satz zu, der den Clou der ganzen Programmänderung bildet, der Satz, der jedes Missverständnis der »Verelendungstheorie« unmöglich machen soll. Er lautet: »Die Lebenshaltung immer breiterer Schichten des arbeitenden Volkes tritt immer mehr in Gegensatz zu der rasch steigenden Produktivkraft ihrer eigenen Arbeit und zu dem Anschwellen des von ihnen selbst geschaffenen Reichtums«.

Als wissenschaftliche These ist dieser Satz tadellos. Aber er steht hier nicht am Ende einer gelehrten Abhandlung über die Lebenshaltung des Proletariats, sondern in einem sozialdemokratischen Programm an Stelle eines Satzes, der den Kapitalismus anklagte, dass er wachsende Massenarmut und steigendes Elend für breite Volksschichten mit sich bringe. Dieser letztere Satz machte den Kampf gegen Massenarmut und Volkselend zum Inhalt der sozialdemokratischen Bewegung. In der neuen Fassung erscheint als dieser Inhalt der Kampf um ein rascheres Tempo im Steigen der Lebenshaltung der Arbeiterschaft. Der Wohlstand der Arbeiterschaft steigt, so kann man den Satz des Entwurfes auffassen; aber er steigt nicht ganz so rapid, wie die »rasch steigende Produktivkraft der Arbeit«, der Wohlstand der Kapitalisten steigt schneller als der der Proletarier, und darüber sind diese verschnupft und deshalb wollen sie an Stelle der kapitalistischen die sozialistische Produktionsweise setzen.

Es ist da keine Rede davon, dass die geringste Besserung der Lebenshaltung des Proletariats dem Kapital mühsam abgerungen werden muss und immer wieder von Neuem bedroht wird; kein Wort davon, dass das Kapital für breite Schichten des Volkes nicht nur die *Tendenz* zur Verelendung, sondern wirkliche *Vermehrung des Elends* durch seine Profitgier erzeugt; wenn es hier und da Löhne erhöht, Arbeitszeiten reduziert, so strebt es allenthalben danach, die Familie des Arbeiters aufzulösen, seine Frau zur Erwerbsarbeit zu drängen, das Wohnungselend zu steigern; und wie groß das Elend versinkender *Zwergbauern*, wie in Galizien, oder von *Kleinmeistern*, wie in Wien selbst, von *Hausindustriellen*, wie im nördlichen Böhmen, das wissen die österreichischen Genossen selbst am besten. Die Hebung beschränkt sich hauptsächlich auf die gewerkschaftlich organisierten und die *jüngeren* Arbeiter. Jüngere Arbeitskräfte werden gesucht und können sich am ehesten eine leidliche Position schaffen. Aber das Kapital verbraucht seine Sklaven rasch, ein Arbeiter von fünfundvierzig Jahren gilt schon als alter Mann, den nichts mehr erwartet, als wachsendes Elend. Sein Erwerb geht zurück, bei jeder Arbeitsstockung sind die Alten die ersten, die aufs Pflaster fliegen, bei jeder Belebung des Geschäftes sind sie die letzten, die ausgenommen werden, die Pausen der Arbeitslosigkeit treten immer öfter ein, werden immer länger, bis schließlich der alte Arbeiter, gebrochen an Leib und Seele, dem Armenhaus oder völliger Verkommenheit verfällt.

In England, dem so gepriesenen Eldorado der Arbeiterschaft, stirbt die Hälfte der alten Arbeiter im Armenhaus.

Und die jüngeren, die gewerkschaftlich organisierten Arbeiter, deren Lage sich entschieden gebessert hat, stehen nicht auch sie stets vor der Gefahr, durch eine neue Maschine, eine neue Arbeitsmethode, eine neue Verkehrslinie, die neue, tiefer stehende Arbeiter ins Land bringt, eine neue Koalition von Unternehmern oder ein neues Zwangsgesetz der Früchte ihrer Kämpfe beraubt und ins Elend hinabgestoßen zu werden? Gerade jetzt bieten die englischen Arbeiter ein warnendes Beispiel, die ihre Gewerkschaften für festgegründet und über alle Anfechtungen erhaben hielten und über Nacht von den Lords darüber belehrt wurden, auf wie schwankendem Boden im kapitalistischen Staate jede proletarische Organisation, jede proletarische Errungenschaft steht.

Alles das weiß die Programmkommission natürlich ebenso gut wie wir, und alles das kann man in einem Programm nicht sagen, das ja keine Abhandlung sein darf, aber alles das liegt in dem gestrichenen Satze von dem Steigen der Massenarmut und dem Wachsen des Elends breiter Volksschichten, und es fehlt in dem Satze, der ihn ersetzen soll.

Beide Sätze können missverstanden werden; den einen

kann man dahin aufsaßen, als sei jeder Kampf gegen das Elend
in der heutigen Gesellschaft hoffnungslos und als erwarteten
wir gerade von der Verelendung breiter Volksschichten den
Anstoß zur sozialen Umwälzung. Umgekehrt kann man den
neuen Satz dahin auffassen, als seien wir der liberalen, optimistischen Ansicht, dass das Elend nur eine Kinderkrankheit
des Kapitalismus sei, die im Laufe seiner Entwicklung durch
den wachsenden Reichtum von selbst verdrängt werde, und
als gehe uns diese Entwicklung nur nicht rasch genug.

Es will mich schier bedünken, als wäre jeder Satz eines
Programms Missverständnissen ausgesetzt. Dagegen hilft nur
gründliche theoretische Bildung jener, die das Programm
auszulegen haben, unserer Agitatoren. Möglich, dass es keine Fassung unserer Anschauung vom Elend in einem kurzen
Satze gibt, die sie gegen jedes Missverständnis schützt, und
den anscheinenden Widerspruch, den sie enthält, als einen
der Dinge und nicht als einen bloßen Widerspruch der *Gedanken* erscheinen lässt. Wäre dem so, dann erschiene mir der
alte gestrichene Satz immer noch annehmbarer als der neue.
Ein ausführliches sozialdemokratisches Programm, welches
nicht erkennen lässt, dass der Kapitalismus naturnotwendig
Massenarmut und Massenelend erzeugt, das nicht als den
Inhalt des Strebens der Sozialdemokratie den Kampf gegen
diese Armut und dieses Elend bezeichnet, verschweigt die
entscheidende Seite unserer Bewegung und enthält also eine
empfindliche Lücke.

Der einzige Satz, in dem der neue Programmentwurf
vom Elend spricht, verkleinert diese Lücke nicht. Es ist der
dem eben besprochenen folgende, in dem es heißt: »Die der
Planlosigkeit der kapitalistischen Produktionsweise entspringenden Krisen mit ihrem Gefolge von Arbeitslosigkeit und
Elend beschleunigen und verschärfen diese Entwicklung«. In
dem Entwurf wird also vom Elend einzig und allein als Be-
gleiterscheinung der *Krisen* gesprochen. Dass es ein ständi-

ges, *dauerndes* Massenelend in der heutigen Gesellschaft gibt, ein Elend, das stets anzuwachsen droht, wenn das Proletariat nicht alle Kräfte dagegen anspannt, davon erfährt man aus dem Programmentwurf nichts.

Konnte man das alte Programm nach der pessimistischen Auffassung der heutigen Gesellschaft hin missverstehen, so droht diese Gefahr dem neuen nach der optimistischen hin. Welche Art von Missverständnis für eine Partei des Kampfes gegen diese Gesellschaft bedenklicher bedarf keiner Ausführung.

Neben dem Missverständnis der »Verelendungstheorie« war es noch ein anderes großes Missverständnis, das durch die neue Fassung beseitigt werden sollte. Sie soll, wie Adler in dem schon erwähnten Artikel sagt, »womöglich klarer als bisher ausdrücken, dass die sozialdemokratische Bewegung, wie sie eine notwendige Wirkung des Kapitalismus, eine bewusste und gewollte Tat des Proletariats ist. Sie sollte auch hier dem abgeschmacktesten aller kritizistischen Missverständnisse begegnen, als ob die erkannte Notwendigkeit der geschichtlichen Entwicklung und die Wirkung dieser Erkenntnis auf das Bewusstsein und das Wollen der Arbeiterklasse einen Gegensatz begründe«.

Diesem Zwecke soll vor allem folgender Satz dienen: »Es (das Proletariat) kommt zum Bewusstsein, dass die Verdrängung der Einzelproduktion auch den Einzelbesitz immer mehr überflüssig und schädlich macht, dass zugleich für neue Formen genossenschaftlicher Produktion und gemeinsamen Besitzes die notwendigen geistigen und materiellen Vorbedingungen geschaffen werden müssen und dass der Übergang der Arbeitsmittel in den gemeinschaftlichen Besitz der Gesamtheit des Volkes das Ziel des Kampfes für die Befreiung der Arbeiterklasse sein muss«.

In dem alten Programm dagegen hieß es, dass die technische Entwicklung die Form des Einzelbesitzes an den Produktionsmitteln immer überflüssiger macht und für die Masse des Volkes beseitigt, »während gleichzeitig für die Form des gemeinsamen Besitzes die notwendigen geistigen und materiellen Vorbedingungen geschaffen werden. Der Übergang der Arbeitsmittel in den gemeinschaftlichen Besitz der Gesamtheit des Volkes bedeutet also nicht nur die Befreiung der Arbeiterklasse, sondern auch die Erfüllung einer geschichtlich notwendigen Entwicklung«.

Diese Fassung kann allerdings zu einer Unterschätzung der Rolle verleiten, die das Bewusstsein und das Wollen des Proletariats in der notwendigen Entwicklung spielt. Aber der neue Satz sündigt wieder in entgegengesetzter Richtung. Schon Zetterbaum hat mit recht in der Wiener »Arbeiterzeitung« (10. Oktober) darauf hingewiesen, wie irreführend der Satz ist, dass das Proletariat zum Bewusstsein kommt, für neue Formen genossenschaftlicher Produktion und gemeinsamen Besitzes *müssten* die notwendigen geistigen und materiellen Vorbedingungen erst geschaffen werden, indes das alte Programm konstatierte, dass sie heute schon geschaffen werden, mit *Notwendigkeit* geschaffen werden. Ich kann nur wiederholen, was Zetterbaum sagt:

»Denn all die Genossenschaften, Gewerkschaften und sonstigen proletarischen Institutionen, sogar all die konsequente Politik des Proletariats im Gegenwartsstaat kann nur insofern diese und so viele wichtige Vorbedingungen für die sozialistische Gesellschaft schaffen, als sie der Kapitalismus – sowohl sein Produktionsprozess als alle seine sonstigen Funktionen – selber täglich schafft. Das ist leicht in der Wirklichkeit zu kontrollieren. Und übrigens sind alle proletarischen Institutionen, wie Genossenschaften usw., selber aus der dialektischen Entwicklung des Kapitalismus hervorgegangen und gehen aus ihm täglich hervor, und wiewohl bei manchem guten Genossen auch der Gedanke an die Zukunft mitspielen mag, so werden diese proletarischen Institutionen doch erzeugt und geschaffen aus dem gegenwärtigen Bedürfnis des Proletariats heraus und nicht für die Zwecke der künftigen sozialistischen Gesellschaft. Diesen Sachverhalt hat ein sozialistisches Programm zu berücksichtigen und nicht Forderungen in utopistischer Formulierung, wenn auch realen Inhalts, aufzustellen. Denn ich betrachte es, wenn auch als einen leichten Grad von Utopisterei, zu meinen, das Proletariat schaffe und solle schaffen in der Gegenwart Institutionen für eine zukünftige sozialistische Gesellschaft oder in Rücksicht auf diese. Wenn wir ein Kommunalprogramm entwerfen, wenn wir Verstaatlichung von Bergwerken fordern, wenn wir Genossenschaften gründen, so tun wir es weniger, um neue Formen genossenschaftlicher Produktion vorzubereiten, als aus dem Bedürfnis der Gegenwart und dem schon lebendigen Entwicklungsinteresse des Proletariats. Etwas anderes ist es, wenn alle diese unsere Forderungen und Institutionen zugleich zu ›Vorbedingungen neuer Formen‹ von selbst werden, weil das Entwicklungsinteresse des Proletariats mit der Entwicklung zur sozialistischen Ordnung zusammenfällt«.

Das Bewusstsein vom »Endziel« hat eine große Aufgabe in der sozialistischen Bewegung zu erfüllen. Aber wir sehen diese Aufgabe nicht darin, die notwendigen geistigen und materiellen Vorbedingungen künftiger sozialistischer Produktion willkürlich und künstlich zu schaffen, sondern darin, *Einheitlichkeit* in den Emanzipationskampf des Proletariats zu bringen, in dem Sinne, in dem dies im Eingang des vorliegenden Artikels erörtert worden.

Aber während so die neue Fassung in dem Streben, revisionistischen Missverständnissen vorzubeugen, dem sozialistischen Bewusstsein mehr zumutet, als es leisten kann, öffnet sie einem anderen revisionistischen Missverständnis die Tore. Manche unserer revisionistischen Kritiker nehmen au, Marx hätte behauptet, die ökonomische Entwicklung und der Klassenkampf schüfen nicht bloß die Vorbedingungen sozialistischer Produktion, sondern auch direkt die *Erkenntnis* ihrer Notwendigkeit, und da sind die Kritiker gleich fertig mit dem Einwand, dass das Land der höchsten kapitalistischen Entwicklung, England, von allen modernen Ländern am freiesten von dieser Erkenntnisse sei.

Nach der neuen Fassung könnte man annehmen, dass auch die österreichische Programmkommission den auf diese Weise widerlegten angeblich »orthodox-marxistischen« Standpunkt teile. Denn es heißt da: »Je mehr die Entwicklung des Kapitalismus das Proletariat anschwellen macht, desto mehr wird es gezwungen und befähigt, den Kampf gegen ihn aufzunehmen. Es kommt zum Bewusstsein« der Möglichkeit und Notwendigkeit des Sozialismus etc.

In diesem Zusammenhang erscheint das sozialistische Bewusstsein als das notwendige direkte Ergebnis des proletarischen Klassenkampfes. Das ist aber falsch. Der Sozialismus als Lehre wurzelt allerdings ebenso in den heutigen ökonomischen Verhältnissen, wie der Klassenkampf des Proletariats, entspringt ebenso wie dieser aus dem Kampfe gegen die Massenarmut und das Massenelend, das der Kapitalismus erzeugt; aber beide entstehen nebeneinander, nicht auseinander, und unter verschiedenen Voraussetzungen. Das moderne sozialistische Bewusstsein kann nur erstehen aufgrund tiefer wissenschaftlicher Einsicht. In der Tat bildet die heutige ökonomische Wissenschaft ebenso eine Vorbedingung sozialistischer Produktion, wie etwa die heutige Technik, nur kann das Proletariat beim besten Willen die eine ebenso wenig schaffen wie die andere; sie entstehen beide aus dem heutigen gesellschaftlichen Prozess. Der Träger der Wissenschaft ist aber nicht das Proletariat, sondern die *bürgerliche Intelligenz*; in einzelnen Mitgliedern dieser Schicht ist denn auch der moderne Sozialismus entstanden und durch sie erst geistig hervorragenden Proletariern mitgeteilt worden, die ihn dann in den Klassenkampf des Proletariats hineintragen, wo die Verhältnisse es gestatten. Das sozialistische Bewusstsein ist also etwas in den Klassenkampf des Proletariats von Außen hineingetragenes, nicht etwas ans ihm urwüchsig entstandenes.

Dementsprechend sagt auch das alte Hainfelder Programm ganz richtig, dass es zu den Aufgaben der Sozialdemokratie gehöre, das Proletariat mit dem *Bewusstsein* seiner Lage und seiner Aufgabe zu erfüllen. Das wäre nicht notwendig, wenn dies Bewusstsein von selbst aus dem Klassenkampf entspränge. Die neue Fassung hat diesen Satz von dem alten Programm übernommen und dein eben besprochenen angehängt. Dadurch ist aber der Gedankengang völlig zerrissen worden. Nach der neuen Fassung haben wir im Proletariat ein Bewusstsein seiner historischen Aufgabe, das von selbst aus dem Klassenkampf entspringt, und dann wieder dasselbe Bewusstsein, in den Klassenkampf hineingetragen von der Sozialdemokratie. Die Sache wird dadurch keineswegs klarer und Missverständnisse werden dadurch geradezu herausgefordert.

Die beiden folgenden Absätze geben nur nach wenig Anlass zur Kritik. Wenn es im nächsten Absatz heißt, die österreichische Sozialdemokratie werde »der Ausnutzung der Arbeiter zu Gunsten von *herrschenden* Parteien energisch entgegentreten«, so wollten die Verfasser des neuen Entwurfes sicher nicht sagen, dass sie die Ausnutzung der Arbeiter durch bürgerliche *Oppositionsparteien* billigen, seien das nun gerade Antisemiten, Bauernbündler, Alldeutsche, Jungtschechen, Nationalsoziale oder etwas Ähnliches. Weniger missverständlich wäre es wohl, wenn man von *bürgerlichen Parteien* spräche.

Im Anfang des Schlusssatzes erscheint es uns nicht ganz glücklich gesagt, wenn es heißt, »sie (die Sozialdemokratie) erstrebt gesetzlichen *Schutz der Lebenshaltung* der arbeitenden Klassen«. Man wollte mit dem »Schutz der Lebenshaltung« offenbar sagen, dass die Sozialdemokratie sich nicht auf den sogenannten Arbeiterschutz, die Fabriks- und Werkstättengesetzgebung beschränke, sondern auch für das leibliche Wohlsein des arbeitenden Volkes außerhalb des Produktionsprozesses durch Wohnungspolitik, staatliche oder kommunale Fürsorge für Schulkinder, Unentgeltlichkeit des Heilwesens und dergleichen zu sorgen strebe.

Aber es ist doch die Person des Arbeiters, die eines Schutzes bedarf, nicht seine *Lebenshaltung*, die vielmehr so miserabel ist, dass sie nicht Schutz in ihrer jetzigen Höhe, sondern Hebung verlangt. Andererseits ist es ungewöhnlich, etwa die Länge der *Arbeitszeit zur Lebenshaltung* der Arbeiter zu rechnen. Vielleicht würde man besser sagen: »Sie erstrebt Schutz der Arbeitskraft und Hebung der Lebenshaltung der arbeitenden Klassen durch Staat und Gemeinde«.

Daran schließt sich der Endsatz: »Und sie kämpft für die Erringung des dem Proletariat gebührenden Einflusses auf allen Gebieten des öffentlichen Lebens«.

Dieser Satz gibt zu erheblichen Bedenken Anlass. Er will wohl nichts anderes sagen, als dass das Proletariat jede Gelegenheit benutzen muss, seinen Einfluss im öffentlichen Leben zu verstärken und dass es dafür auf den *verschiedensten* Gebieten des öffentlichen Lebens wirksam sein muss. Aber es heißt: auf *allen* Gebieten. Ob das richtig, das hängt davon ab, was man unter »öffentlichem Leben« versteht. Es sagt zu viel, wenn man *alles* Leben dazu rechnet, das sich in der Öffentlichkeit abspielt. Es gibt dann Gebiete des öffentlichen Lebens, die mit den Klassengegensätzen nichts zu tun haben, und dort gebührt dem Proletariat als Klasse ebenso wenig Einfluss als irgendeiner anderen Klasse. Dazu gehört zum Beispiel die Kunst. Es ist sicher sehr zu wünschen, dass die Proletarier sich etwa für Kunstausstellungen, Konzerte, Theater interessieren, aber als Menschen, nicht als *Proletarier*. Und Einfluss auf diesen Gebieten des öffentlichen Lebens gebührt ihnen nur, soweit sie *Sachverständige*, nicht so weit sie

Proletarier sind.

Gibt aber der Satz dem Proletariat zu viel, wenn man das öffentliche Leben im obigen Sinne auffasst, so gibt er ihm zu wenig, wenn man das öffentliche Leben auf das Wirken für das Gemeinwesen oder auf die Gebiete des Klassenkampfes beschränkt. Dort hat das Proletariat mehr zu verlangen als bloß »gebührenden Einfluss«, da muss es nach der *Herrschaft* streben, einer Herrschaft, die es freilich nur ausüben kann als unterste der Klassen, um die Klassen und damit auch jede Klassenherrschaft aufzuheben. Beschränkt man dagegen die Aufgabe des Proletariats auf die Gewinnung eines gewissen Einflusses, so verzichtet mau damit auf die Erringung der gestimmten Macht und auf die Aufhebung der Klassen, dann bescheidet mau sich mit dem Ideal unserer bürgerlichen Sozialpolitiker, die da wünschen, dass das Proletariat sich in den gegebenen gesellschaftlichen Organismus einfügt, die Existenz der anderen Klassen als stete Notwendigkeit anerkennt und nicht mehr von ihnen verlangt, als die Einräumung eines »gebührenden Einflusses«.

Diese Auffassung liegt aber umso näher, als unter den Revisionisten selbst Stimmen laut wurden, die da erklärten, wir dürften nicht nach der Macht streben, sondern nur nach Macht, die Eroberung der politischen Macht durch das Proletariat sei eine Utopie, und zwar eine gefährliche Utopie. Die Auslegung des Satzes in diesem Sinne wird noch gefördert dadurch, dass nirgends in dem Programmentwurf die Eroberung der politischen Macht als Aufgabe der Sozialdemokratie hingestellt wird. Darin braucht keine besondere Absicht zu liegen, die alte Hainfelder Prinzipienerklärung spricht auch nicht von der Eroberung der politischen Macht, aber es heißt allen revisionistischen Missverständnissen Tür und Tor öffnen, wenn man nur von einem beschränkten »gebührenden Einfluss« des Proletariats im öffentlichen Leben spricht, der zu erringen ist.

Was zu sagen war, ist wohl Folgendes: Die Sozialdemokratie hält es für ihre Aufgabe, jede Gelegenheit zu benutzen, um den Einfluss des Proletariats im öffentlichen Leben zu vermehren und so dem großen Ziele der Eroberung der politischen Macht durch das Proletariat näherzukommen.

* * *

Wir sind zu Ende mit unserer Kritik, die länger geworden ist, als wir selbst erwartet. Sie ist mitunter recht scharf ausgefallen, aber wir möchten nicht, dass sie den Eindruck erweckt, als verurteilten wir den Entwurf des neuen Programms.

Wer mit der Lupe sieht, wie wir hier getan und wie man bei einem Programmentwurf tun muss, wird wenige Programme finden, an denen er nicht manches auszusetzen fände. Und es waren fast nirgends Unrichtigkeiten, sondern meist nur Quellen von möglichen Missverständnissen, die wir aufzudecken hatten.

Der Gedankengang des neuen Programms ist ein wissenschaftlich wohlbegründeter, einzelne seiner Sätze sind vortrefflich. Wird das neue Programm in der jetzigen Fassung angenommen, so wird es immerhin zu den besten Programmen der internationalen Sozialdemokratie zählen. Unsere Parteigenossen in Österreich brauchen sich seiner nicht zu schämen.

Aber es hat einen furchtbaren Rivalen: das alte Hainfelder Programm. Sieht man das neue Programm für sich allein au, dann macht es auf den ersten Blick einen sehr erfreulichen Eindruck. Der mindert sich aber, wenn man es mit seinem Vorgänger vergleicht. Man findet dann, dass gerade die besten Partien diesem entlehnt sind und dass die bedenkenerregenden Stellen sich gerade in den Abweichungen von ihm finden. Man findet, dass es in dem Bestreben, Missverständnisse anzuschließen, neuen, noch bedenklicheren Missverständnissen den Eingang ermöglicht; dass es im Gedankengang an das alte Programm sich anlehnt, seine Grundsätze wiedergibt, aber in manchen Punkten umständlicher, unbestimmter, zaghafter. Das mögen Vorzüge für eine Doktordissertation sein, nicht aber für die Kriegserklärung einer Kampfpartei an das bestehende Gesellschaftssystem. Und eine solche Erklärung ist doch jedes sozialdemokratische Programm.

Wenn es einer Reihe so kenntnisreicher und gewiegter Parteigenossen, wie es die Mitglieder der österreichischen Programmkommission sind, nicht gelang, das Hainfelder Programm in unbestrittener Weise zu verbessern, so beweist dies zweierlei. Einmal, dass die Zeit zu Programmrevisionen noch nicht gekommen, und dann, dass das Hainfelder Programm ein Kunstwerk ist, das man annehmen oder verwerfen, dem man aber nur schwer etwas anflicken kann, ohne seine Geschlossenheit und Harmonie zu stören, ohne es zu beeinträchtigen. Adler teilte, wie schon erwähnt, mit, die Revision des Hainfelder Programms sei mehr ein Produkt ästhetischer als theoretischer Erwägungen. Nun, nicht zum Mindesten sind es ästhetische Erwägungen, die uns ein Herumflicken an dem Programm schmerzlich empfinden lassen.

Kürzlich lasen wir von einer prüden englischen Miss, die dem Apollo von Belvedere in ihrem Garten Badehosen anziehen ließ, weil seine Nacktheit sie beleidigte. So hat die Programmkommission dem Apollo von Hainfeld Badehosen ausgezogen, um seine marxistische Bloße zu bedecken, die bei manchem keuschen Revisionisten anstößige Gedanken erregen konnte. Kein Zweifel, die Hose hat einen ganz guten Schnitt und ist auch aus recht solidem Stoffe gefertigt, aber der Apollo in seiner ursprünglichen Nacktheit ist doch erfreulicher.

Dem Reinen ist alles rein, und wer Marx richtig versteht, wird auch das Hainfelder Programm richtig verstehen. Den

Anderen hilft keine Badehose und keine kommentierende Umschreibung.

»Die Neue Zeit: Wochenschrift
der Deutschen Sozialdemokratie«,
Nr.3, 1901.

Nach dem Text der »Neuen Zeit«.
Kautsky (1901).

REGISTER

ANMERKUNGEN

[1]   *Iskra* [Der Funke] – die erste gesamtrussische illegale marxistische Zeitung; gegründet 1900 von W.I. Lenin. Die erste Nummer der Leninschen »Iskra« erschien am 11. (24.) Dezember 1900 in Leipzig, die folgenden Nummern in München, von April 1902 an in London und vom Frühjahr 1903 an in Genf. In einer Reihe von Städten Russlands (Petersburg, Moskau u. a.) wurden Gruppen und Komitees der SDAPR der Leninschen »Iskra«richtung gegründet. In Transkaukasien verfocht die Ideen der »Iskra« die illegale Zeitung »Brdsola [Der Kampf]« – das Organ der georgischen revolutionären Sozialdemokratie, (über die Bedeutung und die Rolle der »Iskra« siehe ZK der KPdSU(B) (1938/1955, S.31–35, 40–51).

[2]   *Sozialdemokrat* – illegale Zeitung der kaukasischen Menschewiki; erschien von April bis November 1905 in georgischer Sprache in Tiflis. Geleitet wurde die Zeitung von N. Jordania. Die erste Nummer des »Sozialdemokrat« erschien als »Organ des Tifliser Komitees der SDAPR«; weiterhin nannte sich die Zeitung »Organ der kaukasischen sozialdemokratischen Arbeiterorganisationen«.

[3]   *Rabotscheje Djelo* [Arbeitersache] – unregelmäßig erscheinendes Organ des Bundes russischer Sozialdemokraten im Ausland (der »Ökonomisten«). Erschien von 1899 bis 1902 in Genf.

[4]   *Starowjer* – Pseudonym A. N. Potressows.

[5]   Die *Neue Zeit* – Zeitschrift der deutschen Sozialdemokratie, erschien in Stuttgart von 1883 bis 1923.

[6]   *Mogsauri* [Der Reisende] – historisch-archäologische

und geographisch-ethnographische Zeitschrift; erschien in Tiflis von 1901 bis November 1905. Ab Januar 1905 wurde »Mogsauri« eine literarisch-politische Wochenschrift der georgischen Sozialdemokraten, die unter Redaktion von Ph. Macharadse erschien. In »Mogsauri« wurden neben Artikeln bolschewistischer Autoren auch Artikel der Menschewiki veröffentlicht.

[7]   *Sarja* [Die Morgenröte] – theoretische Zeitschrift der Sozialdemokratie Russlands, gegründet von W. I. Lenin; erschien gleichzeitig mit der »Iskra« unter einer gemeinsamen Redaktion. Die Zeitschrift erschien in Stuttgart von April 1901 bis August 1902.

[8]   *Dnjewnik Sozialdemokrata* [Tagebuch des Sozialdemokraten] – eine von G. W. Plechanow in Genf herausgegebene Zeitschrift, die in unregelmäßiger Folge von März 1905 bis April 1912 erschien. Im Ganzen erschienen 16 Nummern. Im Jahre 1916 erschien noch eine Nummer der Zeitschrift.

[9]   *»Womit beginnen?«*, als Leitartikel in Nr. 4 der *»Iskra«* erschienen, hatte für die russische revolutionäre Sozialdemokratie programmatische Bedeutung. Die Arbeit fand in Russland wie auch im Ausland weite Verbreitung; örtliche sozialdemokratische Organisationen druckten sie als Broschüre nach. Die darin geäußerten Gedanken entwickelt Lenin ausführlich in seinem Werk »Was tun?«.

[10]   Gemeint sind die Studentenunruhen und die Arbeiteraktionen – Kundgebungen. Demonstrationen, Streiks – im Februar und März 1901, die viele Städte Russlands erfassten, darunter Petersburg, Moskau, Kiew, Charkow, Jaroslawl, Tomsk, Warschau und Bialystok.

[11]   *Hausindsutrie* – gewerbliche Betriebsform, bei der Arbeiter (mit oder ohne Hilfspersonal) in eigenen Räumen handwerksartig mit der Herstellung von Waren beschäftigt sind, die von Vermittlern (Großhändlern) übernommen und vertrieben werden.

[12]   *Semstwos* – 1864 von Alexander II. geschaffene Selbstverwaltungsorgane der Kreise und Gouvernements. Sie ent-

schieden über rein lokale Angelegenheiten, die die Land-
bevölkerung betrafen (Bau von Straßen, Krankenhäusern,
Schulen usw.). In ihnen spielten die liberalen Gutsbesitzer
eine führende Rolle.

LITERATURVERZEICHNIS

Grigorenko, A.G. (2024). *Über das Werk W.I. Lenins »Was tun?«* (2. Aufl.). Fortschrittsverlag. (Original veröffentlicht 1948)

Kautksy, K. (1892). *Das Erfurter Programm in seinem grundsätzlichen Teil: Erläutert von Karl Kautsky* (2.Aufl.). J.H.W. Dietz.

Kautsky, K. (1901). Die Revision des Programms der Sozialdemokratie in Österreich. *Die Neue Zeit: Wochenschrift der Deutschen Sozialdemokratie, 20. Jahrgang*(3), 68–82.

Lenin, W.I. (1955). Was tun? Brennende Fragen unserer Bewegung. In Institut für Marxismus-Leninismus beim ZK der SED (Hrsg.), *Lenin Werke* (Bd.5, S.355–551). Dietz. (Original veröffentlicht 1902)

Lenin, W.I. (1955). Womit beginnen? In Institut für Marxismus-Leninismus beim ZK der SED (Hrsg.), *Lenin Werke* (Bd.5, S.1–13). Dietz. (Original veröffentlicht 1901)

Lenin, W.I. (1973a). Ein Schritt vorwärts, zwei Schritte zurück: Die Krise in unserer Partei. In Institut für Marxismus-Leninismus beim ZK der SED (Hrsg.), *Lenin Werke* (Bd.7, S.197–430). Dietz. (Original veröffentlicht 1904)

Lenin, W.I. (1973b). Über die Umstände des Austritts aus der Redaktion der »Iskra«. In Institut für Marxismus-Leninismus beim ZK der SED (Hrsg.), *Lenin Werke* (Bd.7, S.186–191). Dietz. (Original veröffentlicht 1904)

Martov, L. (1900). *Krasnoe znamâ v Rossii: Očerk istorii russkogo rabočego dviženiâ* [Das rote Banner in Russland: Eine Skizze der Geschichte der russischen Arbeiterbewegung]. Izdatel'stvo i tipografiya revoliutsionnoi organizatsii Sotsial-demokrat.

Marx, K. (1960). Der achtzehnte Brumaire des Louis Bonaparte. In Institut für Marxismus-Leninismus beim ZK der SED (Hrsg.),

Marx-Engels-Werke (Bd.8, S.111-207). (Original veröffentlicht 1852)

Marx, K., & Engels, F. (1977). Manifest der Kommunistischen Partei. In Institut für Marxismus-Leninismus beim ZK der SED (Hrsg.), *Marx-Engels-Werke* (Bd.4, S.459–493). Dietz. (Original veröffentlicht published 1848)

Stalin, J.W. (1950). Kurze Darlegung der Meinungsverschiedenheiten in der Partei. In Marx-Engels-Lenin-Institut beim ZK der SED (Hrsg.), *Stalin Werke* (Bd.1, S.77–112). Dietz. (Original veröffentlicht 1905)

ZK der KPdSU(B). (1955). *Geschichte der Kommunistischen Partei der Sowjetunion (Bolschewiki): Kurzer Lehrgang* (19.Aufl.). Dietz. (Original veröffentlicht 1938)

PERSONENVERZEICHNIS

A

Adler, Victor (1852–1918).   55, 59, 60, 74, 82.
Axelrod, P.B. (1850–1928).   6, 7, 30, 31, 32, 33, 36, 38.

B

Bernstein, Eduard (1850–1932).   29.

D

Daszynski, I.E. (1866–1936).   55.

E

Ellenbogen, Wilhelm (1863–1951).   55.
Engels, Friedrich (1820–1895).   10, 12, 14, 17, 21, 27, 28, 29, 32, 92.

G

Gorin-Galkin, W.F. (1886–1948).   15.

K

Kautsky, Karl (1854–1938).   1, 11, 21, 22, 24, 25, 26, 38, 55, 69, 83, 91.

L

Lenin, W.I. (1870–1924).   6, 7, 8, 10, 11, 12, 14, 15, 18, 19, 20, 21, 22, 24, 26, 30, 31, 32, 33, 35, 36, 38, 39, 43, 53, 87, 88, 91, 92.
Liebknecht, Wilhelm (1826–1900).   39, 44.

M

Martow, Julius (1873–1923).   6, 7, 15, 30, 31, 32, 33, 34, 36, 38.
Martynow, A.S. (1865–1935).   4, 31, 32.
Marx, Karl (1818–1883).   10, 12, 14, 17, 21, 23, 26, 27, 28, 29, 39, 67, 76, 82, 92.

P

Plechanow, G.W. (1856–1918).   6, 7, 30, 31, 32, 33, 35, 36, 88.
Potressow, A.N. (1869–1934).   6, 7, 31, 32, 33, 38, 87.

S

Sassulitsch, W.I. (1849–1919).   6, 7, 30, 31, 32, 33, 38.
Schuhmeier, Franz (1864–1913).   55.
Stalin, J.W. (1868–1953).   1, 12, 25, 27, 28, 40, 92.
Starowjer. → *Alexander Potressow.*
Steiner, Josef (1862–1912).   55.

Z

Zetterbaum, Max.   75.

Hilfestellung für die Transliteration nach ISO 9

Kyrillisch		Transliteration (ISO 9)		Lautschrift (IPA)	Umschreibung (Deutsch)	
Groß	Klein	Groß	Klein		Groß	Klein
А	а	A	a	a	A	a
Б	б	B	b	b	B	b
В	в	V	v	v	W	w
Г	г	G	g	g	G	g (w)
Д	д	D	d	d	D	d
Е	е	E	e	ʲɛ/jɛ	E (Je)	e (je)
Ё	ё	Ë	ë	ʲɔ/jɔ	Jo (O)	jo (o)
Ж	ж	Ž	ž	ʒ	Sch (Sh)	sch (sh)
З	з	Z	z	z	S	s
И	и	I	i	ʲi/i/ji	I	i
Й	й	J	j	j	I (–/J)	i (–/j)
К	к	K	k	k	K	k
Л	л	L	l	l	L	l
М	м	M	m	m	M	m
Н	н	N	n	n	N	n
О	о	O	o	ɔ	O	o
П	п	P	p	p	P	p
Р	р	R	r	r	R	r
С	с	S	s	s	S	s (ss)
Т	т	T	t	t	T	t
У	у	U	u	u	U	u

Kyrillisch		Transliteration (ISO 9)		Laut-schrift (IPA)	Umschreibung (Deutsch)	
Groß	Klein	Groß	Klein		Groß	Klein
Ф	ф	F	f	f	F	f
Х	х	H	h	x	Ch	ch
Ц	ц	C	c	ts	Z	z
Ч	ч	Č	č	ʃ	Tsch	tsch
Ш	ш	Š	š	ʃ	Sch	sch
Щ	щ	Ŝ	ŝ	ʃ:	Schtsch	schtsch
Ъ	ъ	"			(–)	(–)
Ы	ы	Y	y	ɨ	Y	y
Ь	ь	'		j	(–/J)	(–/j)
Э	э	È	è	ɛ	E	e
Ю	ю	Û	û	ʲu/ju	Ju	ju
Я	я	Â	â	ʲa/ja	Ja	ja
№		#			Nr.	

Hat dir das Buch gefallen?
Gibt es Dinge, die dich gestört haben?
Hast du vielleicht Literaturwünsche?

Schreib uns doch gerne eine E-Mail unter:

____

kontakt@fortschrittsverlag.de

____

Wir freuen uns über dein Feedback!